本书由

大连市人民政府资助出版

机构投资者的公司治理效应与市场稳定作用研究

王谨乐　著

本书是国家自然科学基金（71702025；71471031；71772030）、国家社会科学基金重点项目（14AZD089）、教育部人文社会科学研究项目（17YJC790149；15YJC790041）、辽宁省教育厅科技平台项目（LN2016JD014）和东北财经大学校级青年培育项目（DUFE2016Q02）的研究成果。

科 学 出 版 社

北 京

内 容 简 介

近十年来，我国机构投资者的种类和规模都实现了跨越式的发展，发展机构投资者究竟带来了怎样的经济后果也逐渐成为管理层和学术界讨论的焦点。本书基于我国现实市场环境，通过理论分析与实证研究相结合，力求揭示我国机构投资者参与公司治理的路径和方式，明确机构投资者的治理行为和交易行为的各类经济后果，使人们能够更加清晰、准确地评估我国机构投资者在提升公司治理效率和促进市场稳定等方面所扮演的角色，并为今后其他学者的相关研究提供有价值的参考和借鉴。

本书可供相关专业科研工作者和大专院校金融专业师生参考阅读。

图书在版编目(CIP)数据

机构投资者的公司治理效应与市场稳定作用研究 / 王谨乐著. —北京：科学出版社，2018.1

ISBN 978-7-03-050456-2

Ⅰ. ①机… Ⅱ. ①王 … Ⅲ. ①金融机构-研究-中国 Ⅳ. ①F832.3

中国版本图书馆 CIP 数据核字(2016)第 261843 号

责任编辑：方小丽 李 莉/责任校对：贾娜娜

责任印制：徐晓晨/封面设计：无极书装

科学出版社 出版

北京东黄城根北街 16 号

邮政编码：100717

http://www.sciencep.com

北京京华虎彩印刷有限公司 印刷

科学出版社发行 各地新华书店经销

*

2018 年 1 月第 一 版 开本：720 × 1000 1/16

2018 年 1 月第一次印刷 印张：9 1/4

字数：181 000

定价：62.00 元

(如有印装质量问题，我社负责调换)

前　言

追溯至19世纪60年代末，英国“海外和殖民地政府信托基金”的成立可视为世界上第一个机构投资者的诞生，该基金采用契约型运作模式，支付给投资者固定收益。随着第一次世界大战的结束，世界经济开始全面复苏，投资需求和投资风险不确定性的增加促使证券投资基金迅速发展壮大。起初的证券投资基金大多为封闭式基金，1924 年在美国波士顿成立了世界上第一个公司型开放式基金“马萨诸塞信托投资基金”，也称共同基金。共同基金开启了一种利益共享、风险共担的集合投资模式，通过发行基金单位募集资金，由基金托管人统筹管理，从事证券市场投资，允许投资者进行不间断的申购和赎回，有效节约了交易成本和管理成本，提高了个体投资者的投资效率。

我国机构投资者的诞生起步于 20 世纪 90 年代初。上海证券交易所和深圳证券交易所于 1990 年成立，我国股票市场正式形成，为机构投资者的萌芽创造了先决条件。1991 年 7 月，规模达 6930 万元人民币的“珠信基金”成为我国第一只基金，随后的 1992 年、1993 年我国基金业迅猛发展，大量基金获准设立，截至 1993 年年底，全国共有基金约 70 家，市值达 40 亿元人民币。2004 年 1 月国务院出台《关于推进资本市场改革开放和稳定发展的若干意见》，其中，第三条明确提出大力发展机构投资者是发展资本市场的重要战略任务，提高保险资金、社保基金、企业年金和商业保险资金投资资本市场的比例，逐步改善各类机构投资者发展不均衡的局面，进一步促进基金管理公司和保险公司等机构投资者成为资本市场的主导力量。该条例的提出为我国机构投资者的发展提供了强力的政策支持。同时，伴随着 2006 年我国股市进入牛市格局，中小投资者投资热情高涨也为我国机构投资者新一轮高速成长提供了良好的外部环境，促使我国各类投资主体的机构化得到进一步深入发展。在政策支持和市场力量的双重作用下，我国机构投资者队伍不断扩大，资产规模不断增加，据相关统计，在 2007 年 12 月末，我国各类机构投资者所持流通股市值占市场总流通市值的比例一度超过 50%。

国外经验表明，机构投资者在公司治理和市场稳定方面，均发挥着不可替代的正面作用。一方面，机构投资者作为一支重要的公司外部治理力量，不仅可以通过行使积极的股东权利，监督管理层的经营行为，以达到改善公司经营绩效的目的，还可以通过采取“用脚投票”的消极管理策略，直接卖出股票，以表达自身对公司治理状况和未来业绩的不满及负面预期。另一方面，机构投资者拥有比个人投资者更多的信息获取渠道，投资理念和投资技术也更为专业，所以被认为是理性的交易者。秉承价值投资理念的机构投资者经常买入价值被低估的股票，卖出价值被高估的股票，通过套利交易行为冲销市场中的非理性交易，从而降低了噪声交易的占比，在理论上可以起到稳定股价的作用。

经过 20 多年的快速发展，我国机构投资者在公司治理与市场稳定方面究竟发挥了怎样的作用也逐渐成为管理层和学术界关注的焦点。本书基于我国现实市场背景，将理论分析与实证研究相结合，系统探讨机构投资者对公司治理和市场稳定的影响，揭示我国机构投资者参与公司治理的方式和路径，明确相应的经济后果，并分析这些经济后果如何依赖于机构投资者的持股决策和治理选择行为。本书拓展了机构投资者研究领域的经验证据，丰富了公司治理问题的研究范畴，对于推动我国机构投资者与公司治理的规范化发展，促进上市公司治理效率的提高和金融市场长期、稳定、健康发展具有重要的理论价值与现实意义。

本书获得大连市人民政府资助出版。

王谨乐

2017 年 12 月

目　录

1 绪　论

国外成熟市场发展经验表明，资本市场的运行效率与投资者结构密切相关。在诸如英国、美国等国家的一些市场中，以机构投资者为交易主体的股票市场已经成功代替了传统银行，从而成为新的资本市场中枢。针对机构投资者的主流研究观点，学术界认为，机构投资者的发展壮大能够对上市公司的治理效率和金融市场的稳定发挥出积极的作用。这是因为：一方面，凭借其专业优势和大股东地位，机构投资者能够及时对公司管理层的错误决策或私利行为提出警告，监督并促使经理人始终以股东利益最大化为经营目标，从而在增加公司信息透明度的同时优化公司的微观治理结构、缓解代理冲突并提高公司价值；另一方面，相对于普通中小个体投资者而言，机构投资者更加理性、专业和成熟，其所擅长的套利交易策略能够纠正股票价格的错误偏离，抵消市场中的非理性情绪，降低资产价格的波动幅度，从而在提高市场资源配置效率的同时降低金融系统的运行风险。事实上，从全球金融市场的演进规律来看，机构投资者能否在一个区域的市场中占据投资者结构的主导地位，已然成为体现该市场金融成熟度的一个重要标准。因此，在经济全球化的大背景下，很多新兴市场和经济转轨国家也开始将大力发展机构投资者列为自己国家的市场经济建设工作的核心内容。

中国证券市场形成于 20 世纪 90 年代初。受制于管理层政策和市场监管等方面因素，证券公司充当了当时首批非严格意义上的机构投资者。根据 1997 年年底的市场统计数据，当时全国共有基金 78 只，基金类凭证 47 只，募集资金规模合计为 76 亿元。起步阶段的机构投资者市场占比很低，在上海证券交易所登记的股票账户(个人+机构)总数为 1713 万户，其中机构投资者账户数不足 0.3%，而个人账户占比则高达 99.7%；深圳证券交易所股票账户的投资者结构分布也大抵相当。

1997 年 11 月国务院发布的中国历史上第一个机构投资者管理法规《证券投资基金管理暂行办法》，才为中国机构投资者的主力军——证券投资基金的发展壮大提供了必要的法规基础，从此，中国机构投资者正式进入初步发展阶段。1998 年第一季度，基金金泰作为中国第一只证券投资基金正式面世。根据当年年底市场数据，中国全部上市的证券投资基金的发行总份额达到 100 亿份，共同管理资金规模约为 62 亿元。1999 年第四季度，中华人民共和国保险监督管理委员会（简称中国保监会）公布了《保险公司投资证券投资基金暂行管理办法》，由此，保险公司所管理的资金被获准通过购买证券投资基金的方式间接入市。2001 年，中国证券监督管理委员会（简称中国证监会）提出了“超常规发展机构投资者”的战略方针，并将其作为改善我国资本市场投资者结构的首要措施。2002 年年底，我国证券市场开始对部分符合条件的境外投资者放开，合格的外国机构投资者(qualified foreign institutional investor，QFII) 制度正式进入我国。QFII 大多属于资产管理规模比较大，且具有良好社会声誉的境外机构投资人，其坚持长期投资、价值投资的交易理念和交易风格均为国内机构投资者的发展起到了较好的示范作用。2004 年，政府相关监管部门相继颁布了《关于推进资本市场改革开放和稳定发展的若干意见》和《保险机构投资者股票投资管理暂行办法》等重要指引文件，明确提出继续大力发展证券投资基金，并决定允许保险公司以多种方式直接参与股市，要将证券投资基金和保险公司培育成我国机构投资者的中坚力量。

从 2002 年年初到 2005 年年底，虽然市场整体处于持续低迷的环境之中，但是管理层出台的一系列市场化改革措施仍然极大地推动了我国机构投资者的发展，开放式基金逐步取代了封闭式基金成为我国股票市场中的主流机构投资者，而由全体基金所持有的市场份额也从 5%增长到将近 20%(基金行业的资金规模由 800 亿元上升到 5000 亿元)。2006 年，伴随着市场整体牛市格局的到来，投资者信心逐步恢复，基金业的同期市场份额也获得了跨越式的高速增长，全行业当年新募集基金 4028 亿元，几乎等于过去八年新募集基金规模的总和。到 2007 年年底，我国基金行业的资产规模总和已经达到 3.3 万亿元，全国 59 家基金管理公司中有近一半属于外资参股型公司。国外资本和先进管理经验的引入有效提升了本土基金业的运作流程和管理水平，丰富了基金市场的投资品种和经营风格，同时也促进了我国机构投资者结构的改善与优化，形成了境内独资公司、境外独资公司 (QFII) 及境内外合资公司相互竞争的市场格局。

经过十多年的发展，我国机构投资者数量和市场份额虽然实现了跨越式的增长，但与国外成熟市场相比仍有较大差距，尤其是伴随着 2007 年上市公司股权分置改革 (简称股改) 完成之后法人股的陆续解禁，以及 2008 年之后我国市场进入长期低迷，机构投资者的市场持股份额从历史高位开始不断下滑。在 2011 年年底，我国机构投资者的市场持股份额占比仅为 15.6%，而在国外一些成熟的资本市场中，机构投资者的这一比例大多长期稳定在 60%以上。另根据我国证券登记结算有限公司统计数据，截至 2014 年 2 月，A 股自然人持仓账户数约为 5300 万个，机构持仓账户约为 8 万个，机构账户占比约为 0.1%。从账户的流通市值来看，流通市值小于 10 万元的账户比例超过 84%，而流通市值小于 50 万元的账户比例则高达 97%①，我国股市又有重回“散户集中营”的态势。

我国证券市场中的机构投资者虽然只经历了短短十来年的发展时间，但其规

① 数据来源：中国证券登记结算有限公司 2014 年 2 月统计月报。

模和各类主体的发展速度却相当于国外证券市场近百年的演化过程。但不可否认，当前我国投资者结构中专业的机构投资者比例依旧较低，且机构投资者的内部组成结构也非常不均衡，代表长期价值投资型机构投资者的保险资金和养老金规模依旧偏小，相关配套政策和管理条例也不够健全，占据绝对市场份额的证券投资基金依旧是我国机构投资者的主力。

与英国、美国等国家机构投资者的自然发展历程不同，我国机构投资者的跨越式发展主要得益于管理层的政策推动，而非市场需求导向。此外，我国市场基础、制度架构、法制环境与西方资本主义国家也存在较大差异。同时，通过回顾历史不难看出，牛市中，我国基金业蓬勃发展，一片向好，而熊市中，本应该起到中流砥柱作用的机构投资者，其市场份额却不升反降，这也反映出我国真正意义上从事长期投资的价值型机构投资者的极度缺失。因此，在这样快速却有失均衡的发展背景下，我国机构投资者是否能够发挥出管理层所期望的职能作用非常值得本书深入检验与探索。

因此，本书立足于我国金融市场当前“新兴+转轨”的大背景，旨在搭建一个描述机构投资者与公司治理和股票市场之间关系的理论框架，实证研究机构投资者如何影响代理成本、融资约束、高管变更及公司股票的市场表现。通过对上述问题的研究，力求揭示机构投资者参与公司治理的路径和方式，明确机构投资者的治理行为和交易行为的各类经济后果，使人们能够更加清晰、准确地评估我国机构投资者在提升公司价值、缓解信息不对称及稳定市场等方面所扮演的角色，且丰富和完善公司金融学、投资者行为学及金融市场学等学科的理论体系，为今后其他学者的研究提供有价值的参考和借鉴。

结合具体的研究成果，本书试图对“如何促进机构投资者参与公司治理”、“如何防范机构投资者加剧市场波动”及“如何引导机构投资者回归价值投资”等重大课题有一个清晰的解答，并为我国政府监管部门制定相关政策和法规提供可靠的微观基础和理论依据，最终，推动我国机构投资者的规范化发展进程，促进我国上市公司治理效率的提高和金融市场的健康发展。

由于市场制度和机构投资者发展成熟度等方面的差异，西方发达市场中的机构投资者与我国机构投资者的交易行为和公司治理作用并不完全相同。本书拟在文献综述和对我国相关制度背景分析的基础上，主要通过实证研究的方式，揭示我国机构投资者参与公司治理的路径和方式，并明确机构投资者的治理行为和交易行为对公司治理和公司股价等方面所带来的经济后果。

本书的实证研究主要包括以下四个具体专题：

专题一：机构投资者对公司价值的影响。本专题将重点研究以下问题：①公司价值和代理成本如何有效测度？②机构投资者对代理成本或公司价值有何影响？③不同类型的机构投资者(开放式基金、封闭式基金)的治理效果是否存在差异？④机构投资者参与公司治理的决策选择行为如何？是否存在“搭便车”现象？⑤机构投资者出现“搭便车”行为的临界点如何有效测度？

专题二：机构投资者对融资约束的影响。本专题将重点研究以下问题：①我国上市公司的现金持有量和负债水平与其所面临的融资约束之间存在怎样的关系？②我国机构投资者是否能够缓解上市公司与投资人之间的信息不对称程度，从而有效改善公司外部融资环境，降低公司对内部现金的依赖？③机构投资者对面临不同融资约束的公司所发挥的降低信息不对称程度的作用是否存在差异？

专题三：机构投资者对高管变更的影响。本专题将重点研究以下问题：①我国机构投资者是否能够影响高管变更，如果有影响，又是通过何种方式产生作用，“用脚投票”还是“用手投票”？②机构投资者面对高管变更事件会做出何种反应，是否会选择“增持”或“减持”？③高管变更对公司股价的收益和波动会产生何种影响，股价反应是否与机构投资者的交易行为相关？

专题四：机构投资者对股价波动的影响。本专题将重点研究以下问题：①机构投资者是否存在持股偏好？②被机构投资者重仓持有的股票具有怎样的特征？③机构投资者的交易行为和持有行为会对股票的波动性产生何种影响？这种影响是否又会因为市场的不同行情阶段而存在差异？④除了波动性，机构投资者的交易行为和持有行为又会对股票的收益率或换手率产生何种影响，这种影响是否会因为市场的不同行情阶段而存在差异？

有必要说明的是，结合我国当前机构投资者的发展现状，在本书的第 3 章至第 6 章的实证研究部分，将主要以证券投资基金作为机构投资者代表[①]。具体基于以下三点考虑：其一，证券投资基金与其投资组合中的公司没有商业联系，属于压力不敏感型机构投资者(Brickley et al.，1988)，倾向于通过改善公司业绩提高资产收益，因此可以推断，我国的证券投资基金在公司治理方面应该发挥出更加积极的作用。其二，证券投资基金所管理的资金规模巨大，若频繁选择“用脚投票”这样比较消极的策略会引致较大的成本和风险，所以会更倾向于选择“参与公司治理”这样积极的策略来提高投资回报。其三，这也是最重要的一点原因。在现阶段，证券投资基金在我国机构投资者结构中仍然处于绝对主导地位[②]，而诸如保险公司、银行、信托等其他机构投资者由于规模限制和利益导向(压力敏感)等原因，相比庞大的证券投资基金群体而言，它们在公司治理和稳定市场等方面所能发挥的影响作用是微乎其微的。

① 该处理方式与国内大部分类似研究一致，如姚颐和刘志远（2008）、胡金焱和亓彬（2012）等。

② 例如，在 2011 年，我国沪市机构投资者交易额为 7.8 万亿人民币，其中证券投资基金交易额为 7.61 万亿人民币，占机构投资者总交易量的 97.6%（数据取自 2012 年 4 月 20 日“上证第二届全球基金峰会”上海证券交易所副总经理（徐明）发言稿）。注：本书研究样本数据截至 2012 年年末。

本书共 6 章：第 1 章为绪论，介绍本书的研究背景、研究内容、研究方法和创新性成果等。第 2 章为国内外相关文献综述，从机构投资者的行为特征、机构投资者对公司治理的影响及机构投资者对公司股票的影响三个方面归纳、总结国内外已有研究成果的基本情况并给予必要评述。第 3 章到第 6 章是本书的研究重点，由四个实证研究部分构成。其中，第 3 章从代理成本的视角研究了机构投资者对公司价值的影响，并从实证层面考察机构投资者的治理选择行为。第 4 章从现金价值的视角考察机构投资者对信息不对称和融资约束的影响。第 5 章研究机构投资者对高管变更的影响，并从投资者行为的视角深入探讨高管变更影响股价波动的作用机理。第 6 章检验机构投资者的持股行为和交易行为对股价波动率、收益率及换手率的影响。本书的具体研究框架如图 1-1 所示。

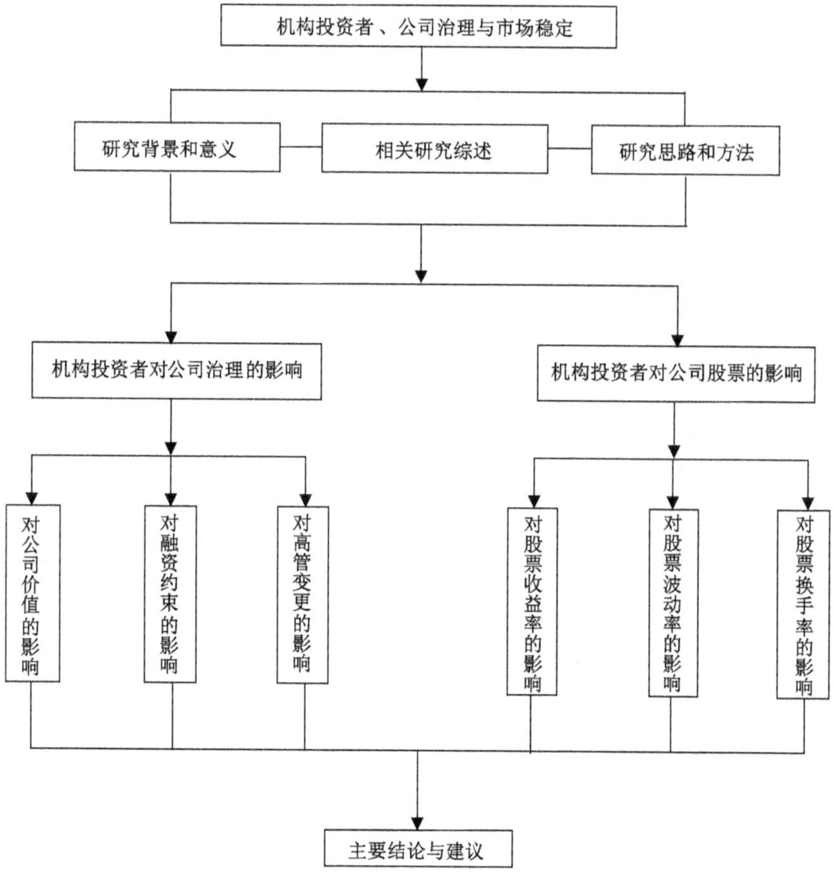

图 1-1 本书的研究框架

2 机构投资者的行为特征与研究方法

2.1 行 为 特 征

2.1.1 机构投资者的公司治理行为

当公司股东对经理人的治理效率或经营决策产生质疑时，很可能会因为对公司未来业绩的负面预期而选择抛售股票。显然，集中抛售行为不但会导致公司股价出现明显下降，同时也增大了该公司被收购的风险。实际上，通过接管市场的收购事件来约束公司管理层的经营行为是英国、美国等国家提高公司治理效率的重要手段，该方法在一定程度上能够缓解经理人与股东之间的委托代理问题。然而，接管机制的有效运转对资本市场的成熟度要求较高，且由于其属于消极性的制约机制，会产生高昂的中间成本。显然，作为上市公司大股东的机构投资者，其投资收益与公司经营业绩直接相关，若频繁选择“用脚投票”的消极管理策略，无可避免地会产生大量的交易成本并导致惨重的资产缩水。

20 世纪 80 年代后期，以美国养老金为代表的机构投资者，开始采用“用手投票”的管理策略，以多种途径积极投身到公司治理中去，通过监督管理层的日常经营活动，发挥出提升公司治理效率和经营业绩的作用。从此，“股东积极主义”的浪潮开始兴起，这也标志着“股东说话”的时代真正到来，公司治理机制逐渐由之前不受外部监督的“高管层导向”朝着受到流通股大股东监督的“投资人导向”转变。近些年来，随着我国资本市场的发展与成熟，我国机构投资者也逐渐开始凭借其大股东地位，在公司的一些重大治理事件中行使表决权。例如，2012 年 5 月 25 日，在格力公司的股东大会上，持有该公司股票的基金管理者集体到场，联手否决了公司集团推荐的董事会候选人，并成功推举出更能代表股东利益的董事会候选人。

机构投资者是否选择参与公司治理，主要涉及治理成本和治理收益等多方面综合因素的考虑。其中，机构投资者的治理成本，是指其在监督公司的日常经营活动中所支付的相关费用，如基金管理团队的信息处理成本、时间成本、智力投入成本等。而机构投资者的治理收益，是指机构投资者在对目标公司实施了监督行为后，依据自身的持股比例所能分享的公司价值增值的部分。机构投资者作为理性经济人，其经济行为的基本出发点应当遵循利润最大化原则，即要求收益最大和成本最低。显然，对于是否选择参与公司治理，其同样需要权衡治理收益与治理成本，只有参与治理的边际收益大于治理的边际成本，机构投资者才会在利益的驱动下行使股东权利，主动监督管理层的经营行为。

但在有些时候，机构投资者不仅需要考虑绝对收益，还需要考虑相对收益，即权衡参与公司治理所能获得的收益是否高于采取其他行动所产生的收益，如选择“搭便车”行为。依据 Wilson(1975)的研究观点，机构投资者的信息挖掘与处理成本在通常情况下都是固定不变的，但最终的收益却与其持股规模直接相关，因此，更高的持股份额能够有效地摊薄其在信息处理过程中所支付的固定成本，发挥出规模优势。所以，对于持股份额较小的机构投资者而言，参与公司治理的相对成本往往较高，选择“搭便车”显然是一种理性行为。相反，对于持股比例较大的机构投资者而言，由于监督成本相对较低，参与公司治理的收益也将大于“搭便车”的收益。因此，机构投资者在决定是否参与公司治理时，会更加注重相对收益，只有相对收益大于零时，选择参与公司治理才是一种理性的行为。

在实证研究方面，学者大多从机构投资者的不同特征出发，从不同视角看机构投资者的治理选择行为和治理效果，并得出了丰富成果。例如，其一，从机构持股比例的角度考察。Almazan 等(2005)从对管理层薪酬监督的角度，研究了机构投资者在不同持股比例下所发挥的治理作用。研究表明，机构投资者持股比例越高，其监督成本越低，越有动力去参与公司治理。Aggarwal 等(2011)的研究表明，机构投资者持股比例的变化先于公司治理状况的变化，且不存在反向关系。当一家公司的经营业绩不佳时，机构投资者持股比例越高，公司首席执行官(chief executive officer，CEO)被更换的可能性越大，从而证明了机构持股比例较高，其对公司管理者形成的监督较强。其二，从机构投资者持股期限的角度考察。Chen 等(2007)研究了不同投资期限的机构投资者对公司并购决策的影响作用，研究得出，基于长期投资策略的机构投资者更加注重投资组合的管理，而不是单纯的价差投机，其管理行为与公司并购后期的表现直接相关，对公司治理有着更加显著的影响力，而从事短期投资的机构投资者并不会对公司的并购事件产生影响。Gaspar 等(2005)实证得出，被短期机构投资者持有的公司更倾向于接受并购计划，且被收购价格比平均值低 3%。作者指出，这是源于短期机构投资者对公司监督力度不足，使得公司经理人或许出于私利而更容易接受一个不具备价格优势的并购提案。其三，从机构投资者与其所持有公司之间的利益关联来考察。Brickley 等(1988)的研究表明，按照机构投资者与其持股公司之间是否存在商业联系，可以将其分为压力敏感型机构投资者和压力不敏感型机构投资者两类。以银行和保险公司为代表的压力敏感型机构投资者注重短期收益，倾向于维护与公司之间的关系而大多支持公司的管理决策。显然，由于监督上的缺失，这种做法并不利于保障其他中小股东利益和公司价值的提升。相反，以基金和私募为代表的压力不敏感型机构投资者则着眼于公司的长期发展，倾向于主动发挥公司治理效应，进而通过协助提升公司的经营业绩来获得超额回报。

2.1.2 机构投资者的交易行为

传统经济学认为，市场中的理性行为人可以依据全面的信息，从众多备选方案中选择出最优策略，继而获得最大化的效用。但在实际情形中，决策者由于信息不对称和个人能力等方面的限制往往并不能做到完全理性。诺贝尔奖获得者亚历山大·西蒙最先提出了“有限理性”的概念，他将不完全信息和信息处理成本引入经济分析范式，并指出，人们虽然在主观上追求效用最大化，但在客观上，其所能获得的信息是有限的，可供选择的决策方案和其对信息的处理能力也是有限的，所以在实际经济生活中，人们往往只能达到一个有限的局部最优效用，而无法做到如古典或新古典经济范式中所描述的全局最优。

机构投资者拥有比个人投资者更多的信息获取渠道，投资理念和投资技术也更为专业，所以其被认为是理性的交易者。机构投资者能够更加精确地测算股票的内在价值，经常买入价值被低估的股票，卖出价值被高估的股票，而这样的套利交易策略能够冲销市场中的非理性交易，同时还降低了噪声交易的占比，在理论上可以起到稳定股价的作用。但事实上，市场信息能否被广大投资者有效获取，主要与公司的信息透明度相关。如果公司不能公布完全信息，那么无论机构投资者处理信息的能力有多强，也无法避免存在需要借助主观判断来制定投资决策的情况。此外，无论是上市公司的经理人与股东之间，还是基金委托人与基金经理之间均存在着委托代理问题，当基金经理的个人利益与集体利益不能高度一致时，出于个人效用最大化的考虑，基金经理们的行为往往也将只能做到有限理性。不可否认，由于有限理性及套利成本的存在，机构投资者的交易行为同样充满了“情绪”色彩。基于已有研究发现，羊群行为和正反馈交易行为被认为是机构投资者非理性行为的两个主要特征。

2.1.2.1 羊群行为

羊群行为(herd behavior)也可称作投资者的群体心理，是指投资者在市场信息不确定的环境下，模仿和学习其他人的交易行为，过分依赖市场中的主流舆论和观点，而不能客观地根据自身拥有的信息独立制定投资决策的从众行为。

Scharfstein 和 Stein(1990)从行业名誉的视角分析了羊群效应的形成过程，结果表明，基金经理出于个人行业名誉的考虑，采取与其他同行相同的买卖行为是一个相对合理的选择，这样至少可以保证其投资收益不会低于行业平均水平。Maug 和 Naik (1996) 的研究也得出了类似的结论，研究认为，由于担心自身业绩落后于同行，基金经理往往更加倾向于追随其他基金的交易策略，在相同的时间买入相同的股票，而且这种非理性的羊群行为会在短期内破坏市场流动性，进而加剧股价的波动。

但是，在不完全信息的现实市场环境中，对于羊群行为是否必然属于非理性行为尚存在争议。Froot 等 (1991) 指出，大多数专业机构投资者所使用的投资模型和信息处理技术具有高度的同质性，在面对同样的信息来源或分析师建议时，机构投资者之间往往会得出同样的交易策略，并在市场的整体交易活动中表现为羊群行为，所以从单个机构投资者的市场表现来看，羊群行为是理性的。此外，Lakonishok 等 (1992) 的研究也赞成上述研究论断，作者认为，由于多数机构投资者对相同的信息做出了同样的反应，才表现出羊群效应，而在这种情形下，机构投资者的集体行动可以加速股票价格对信息的吸收，提高市场中的信息效率，因此羊群行为也并不必然会加剧市场的波动。

2.1.2.2 正反馈交易行为

当市场中的不同投资者之间存在认知偏差或情绪偏差时，资产的定价过程也会随之出现偏差，而当资产定价的偏差反向影响投资者的交易行为时，就形成了一种反馈机制。正反馈交易策略 (positive feedback strategy) 是一种依赖于过去股价表现而采取下一步交易行为的策略，具体形式表现为投资者追随价格趋势，在价格上涨时不断买进，在价格下跌时不断卖出，也可称作“追涨杀跌”。

正反馈交易策略与股市中普遍存在的动量效应密切相关。动量效应一般表现为，那些过去短期收益率较高的股票，在未来的中短期将继续维持较高的收益率，而那些过去短期内表现不佳的股票，在未来的一段时间内仍然继续维持较低的收益水平。一般来说，投资者存在认知偏差而对新信息反应不足或反应过度，是促成股价走势呈现出动量效应的直接原因。一方面，当投资者对价格变化存在“锚定心理”时，股票的近期价格会被赋予过高的权重，投资者对新到来的信息往往反应不足，股票价格吸收新信息的速度也随之变缓，因此，股价在未来的短期内将呈现出一个连续上涨或连续下跌的形态，从而产生动量效应。另一方面，当投资者对新信息赋予过高的权重时，往往会忽略更具广泛性的老信息，从而表现出反应过度，股票价格因此也会同样呈现出持续上涨或持续下跌的形态。

De Long 等 (1990) 较早对正反馈交易策略做出系统性研究，研究中所提出的 DSSW 模型认为，在有效市场中，股价显然已经充分涵盖了市场中所有的相关信息，而以一只股票过去一段时间的走势情况为依据的正反馈交易行为显然不是一种理性行为，这种策略将会导致股票价格进一步大幅偏离其基础价值。Chan 等(1996)在实证研究中以股价过去 6 个月的收益情况为选择依据，做多过去 6 个月收益情况优良的股票组合，做空过去 6 个月收益情况最差的股票组合，实验证明，这种基于动量效应的正反馈交易策略能够获取超额回报。Jegadeesh 和 Titman(2001)的研究同样证实了自 20 世纪 90 年代以来正反馈交易策略一直都保持着长期的有效性。

由于正反馈交易策略在很长的一段时期里能为投资者带来稳定的超额回报，所以即便其是一种非理性的交易策略，也会被机构投资者广泛使用。例如，Lakonishok 等(1992)就曾指出，机构投资者在针对小规模公司的股票时，经常采用正反馈交易策略，买入过去一段时间持续上涨的股票，卖出过去一段时间持续下跌的股票。Nofsinger 和 Sias(1999)研究发现，无论是羊群行为还是正反馈交易行为，机构投资者都要强于普通个体投资者，并且羊群行为与正反馈交易之间还存在着互相影响的关系。

2.2 研 究 方 法

本书综合运用了公司治理、金融市场和投资者行为等多个学科领域的经典理论与前沿分析模型，采用了理论与实证相结合的研究方法。

本书的第 1 章和第 2 章均属于理论分析范畴。其中，第 1 章和第 2 章通过对我国金融市场的结构变迁、机构投资者的发展历程、机构投资者的行为特征等方面的回顾与阐述，同时借鉴西方成熟市场的发展经验，分析得出我国发展机构投资者的重要性及其对公司治理和股价波动可能存在的影响作用。本书的第 3 章、第 4 章、第 5 章和第 6 章都属于实证研究范畴。即在理论分析的基础上提出相关研究假设，并采用合适的分析手段加以求证，目的在于从客观事实的角度探索我国机构投资者在影响公司治理和股价稳定等方面的一般规律，并试图作出具有普遍性效用的解释。本书实证研究部分所采用的研究模型和技术手段主要包括：面板回归模型(随机效应、固定效应)、面板门槛模型(panel threshold model)、倾向得分匹配(propensity score matching，PSM)方法、随机前沿分析(stochastic frontier analysis，SFA)方法、参数和非参数检验、普通最小二乘(ordinary least squares，OLS)模型、离散因变量回归(Logit 模型和 Probit 模型)等。

概括来说，上述研究方法均为社会科学领域的基本分析手段。理论研究侧重于回答“应该是什么”的问题，基本都是定性研究。实证研究则侧重于回答“到底是什么”的问题，以定量研究为主，也包括一定的定性研究。本书从理论和实证两个层面出发，将定量研究和定性研究相结合，力求得到更加稳健且具有说服力的结论。

本书立足于我国现实的市场环境，在借鉴已有相关研究的基础之上，选取了一些独特的研究视角和新颖的研究方法来考察我国机构投资者对公司治理及股价波动的影响。具体而言，本书的特色主要体现在以下几个方面。

1) 先前关于机构投资者治理效应的研究大多采用了“黑箱”分析模式。即多是从机构投资者变量与公司价值之间的变动关系来反向推断机构投资者的治理作用。而事实上，基于此类分析框架的实证研究，不但过程较为单一，且缺乏严密的逻辑论证。经典财务理论认为，高管人员的私利行为是产生高昂代理成本的根源，而机构投资者正是通过干预董事会等权力机构来规范管理层的组织架构和经营行为，进而缓解代理冲突，降低代理成本，最终促进了公司价值的提升。由于代理成本难以准确测度，大多数涉及代理成本的研究要么直接回避，要么选择了一些“较弱”的代理变量(管理费用率、营业费用率、财务费用率、总资产周转率等)加以近似描述。显然，代理成本作为一个“桥梁”变量，是“机构投资者治理效应”研究领域的核心因素。因此，为体现机构投资者影响公司价值的作用机理，本书运用 SFA，将公司代理成本从公司前沿价值中“剥离”出来，从代理成本的视角检验机构投资者参与公司治理的经济后果。相比先前学者直接探讨机构投资者与公司价值之间关系的做法，本书基于 SFA 模型的独特优势，引入生产效率的分析框架，将研究视角重新投向机构投资者对代理成本的影响。这么做不但更加符合理论逻辑，同时还得出了更为丰富的实证结果。

2) 先前关于机构投资者治理决策的研究主要停留在理论分析层面。从个体角度来说，机构投资者作为理性经济人，是否选择参与公司治理需要权衡治理成本与治理收益。从群体角度来说，当共同持有同一家公司股票的机构家数增多时，个体机构投资者除了选择“亲力亲为”，还可以选择“搭便车”，即等待其他机构投资者参与监督和治理，并分享其中的治理收益。所以，诸如“机构投资者在何种情况下会主动参与公司治理”，“机构参与程度与公司价值之间是否是简单的线性关系，是否存在‘门槛’效应”便是一些有价值的、亟待实证检验的具体问题。因此，本书运用面板门槛模型，从实证层面考察了机构投资者参与公司治理的“门槛效应”。本书选择机构投资者变量作为“门槛”变量，检验机构投资者与公司价值之间的非线性关系，并定量测算机构投资者对公司价值的影响发生显著结构性变化时的门槛水平，确定机构投资者在参与公司治理决策上选择“搭便车”行为的临界点。在给出经验证据的同时也为我国管理层制定关于发展机构投资者的方针政策提供了微观依据。

3) 先前关于机构投资者治理路径的研究主要停留在理论分析层面。理论上，机构投资者发挥治理效应提升公司价值应该基于这样一个影响路径：持有公司股票→干预董事会等权力机构的组织架构→影响公司决策核心(如影响高管变更)

→降低代理成本→提升公司价值。但以往鲜有研究能够真正从实证层面清晰还原机构投资者参与公司治理的路径和机理。所以，本书选择从“机构投资者影响高管变更”的视角，对这一关键问题进行实证检验，为今后其他学者针对“机构投资者治理效应”课题的进一步探索提供了具体的、可视化的研究路径和证据支持。此外，先前关于高管变更影响因素的研究主要是围绕公司绩效展开。本书首次将机构投资者因素纳入高管变更问题分析框架，并尝试从投资者行为的视角解析高管变更对公司股价波动的影响机理，在得出有益结论的同时也拓展了相关领域的研究视野。

4)投资人与公司之间的信息不对称，会导致公司融资成本过高，使公司面临融资约束。成熟市场发展经验认为，机构投资者凭借其专业的信息处理能力和有效的监督效力，能够缓解市场中的信息不对称，从而在客观上提高公司的融资效率。由于信息不对称程度和融资约束程度难以准确测度，国内未见有文献从实证层面给出针对上述观点的经验证据。理论上，公司如果面临融资约束，则会对内部融资的依赖性更强，表现为其内部现金价值更高。本书选取“现金价值”这一直观的研究视角，通过检验机构投资者持股比例与公司现金价值之间的变化关系，来判断机构投资者是否降低了投资人与上市公司之间的信息不对称水平，是否有助于缓解公司对内部现金持有的依赖程度，即公司所面临的融资约束水平。由于现金价值的高低直接体现了公司对内部融资的依赖程度，所以不难推断，如果我国机构投资者确实起到了降低信息不对称的作用，那么随着机构投资者的逐步参与，公司面临的融资约束程度应该得到缓解，并直接表现为公司现金价值显著下降，公司也将随之降低其内部现金持有水平。这种创新的分析视角，更接近公司融资行为决策的本质，能够深入剖析机构投资者对公司信息不对称和融资约束的内在影响机理。同时，本书也给出了外国学者所验证的关于现金价值与融资约束之间关系在我国市场的新证据。

5)先前关于机构投资者影响股价稳定的研究大多采用基于 OLS 模型框架的分析方法，将机构投资者变量与股票波动率直接回归，这么做很难规避样本选择偏误或混杂偏误所带来的内生性问题。因为股票的市场表现是多方面因素共同作用的结果，实际上，那些能够影响股票表现的因素，如公司的财务因素和治理因素，往往也会影响机构投资者的选股决策，这就使得那些被机构投资者选中的股票和未被选中的股票在诸多方面都呈现出完全不同的特征。因此，为了分析机构投资者对股票市场表现的影响作用，必须构造一个合理的评判标准。与已有研究不同，本书并没有先验地假定机构投资者交易行为与股票波动之间的因果关系，而是采用 PSM 模型，从客观现实出发，以“反事实”因果分析框架为基础，在充分考虑了机构投资者择股偏好的基础上，深入探究了机构投资者的交易行为对股票波动产生的“净”影响，有效地规避了基于 OLS 模型难以克服的样本选择偏差或混杂偏差所导致的内生性问题。这也是本书在方法应用上的新尝试，并提高了实证结论的可靠性。此外，与以往文献中只围绕股票的波动性展开研究有所不同，本书不但将股票的收益率和换手率纳入研究范畴，同时也将机构投资者的买入行为(进驻期)与持有行为(滞后期)区别对待。在扩充了样本容量的同时，还依据更加客观、公允的标准对市场行情的性质进行了定义与划分，从多角度对机构投资者是否发挥出稳定市场的功能进行检验与剖析，理清了其中的作用机理，丰富了此类研究的经验证据。

3 机构投资者对公司价值的影响

3.1 理论分析与研究假说

20 世纪 80 年代后期，美国等西方发达市场中股东积极主义的兴起，标志着机构投资者开始从“用脚投票”的消极管理策略转变为“用手投票”的积极管理策略，他们通过参与公司治理来降低代理成本，促进了目标公司的价值增值。近年来，中国机构投资者是否对公司价值发挥出积极的作用，也逐渐成为管理层与学术界讨论的热点。

基于对已有相关文献的梳理，可以发现，国内学者的研究在以下四个方面存在不足：①研究视角问题。已有文献大多将机构投资者变量与公司业绩直接回归，事实上，此类基于 OLS 分析框架的实证研究，不但过程单一，且缺乏严密的逻辑论证。从理论层面分析，机构投资者是通过发挥监督职能来缓解代理冲突，降低代理成本，最终起到提升公司价值的作用。而在实际操作中，由于代理成本难以测算，国内尚未有学者从代理成本的角度对机构投资者如何影响公司价值这一命题展开实证研究。②机构投资者对公司价值的影响可能是非线性的。从市场博弈角度分析，机构投资者在参与公司治理的决策选择上，除了选择亲力亲为，还可以选择“搭便车”(Black，1990)。当同一家公司的股票被多家机构共同持有时，如果大多数机构都抱有“坐享其成”的心理，不愿意单独支付监督成本，这显然不利于公司价值的提升。因此本书认为，机构投资者对公司价值的作用或许存在“门槛效应”，当机构联合持股比例超越一定“门槛”水平时，或许会引致群体性不作为，即“搭便车”现象，表现为机构持股比例对公司价值的回归系数在门槛值两侧存在显著差异。国内已有学者从理论层面探讨了机构投资者参与公司治理时的选择行为(钱露，2011)，但尚未有学者在实证方面给出相关经验证据。③中国资本市场结构性变化问题。股改前，中国上市公司独特的股权性质使得公司大股东利益往往与股价的涨跌无关，大股东和管理层倾向于采取各种关联交易和掏空行为来获得收益，机构投资者所能发挥的监督作用非常有限。而股改后，非流通股进入流通领域，公司大股东利益也将受到股价波动的影响，股票市场价格更能反映公司实际价值，这迫使大股东转向参与公司治理，通过提升公司业绩来获取回报。与此同时，如 Tobin Q 那些经常被用来衡量公司价值的指标，其计算方法在股改前后也发生了结构性的变化。本书认为，正是此类复杂性和不确定性因素的存在，使得先前学者的实证研究难以得出一致性结论。④内生性问题。国内某些文献将机构持股比例与同期公司业绩直接回归，虽然部分实证结果支持两者间存在正相关关系的结论，但并不能构成机构投资者提升公司价值的直接证据，因为这种正向关系也可能是秉承价值投资理念的机构投资者进行价值选择的结果，此类公司的优良业绩并不一定源于机构投资者的治理行为。

针对上述问题，本书该部分实证研究的主要贡献体现在：①选取 2007 年(占市值 96%的公司已完成或者进入改革程序,股改基本完成)至 2012 年的我国上市公司的季度数据，运用 SFA 模型，将公司代理成本从公司前沿价值(不存在代理成本时，公司的最大价值)中“剥离”出来。相比先前学者直接探讨机构投资者与公司价值之间关系的做法,本书基于 SFA 模型的独特优势，引入生产效率的分析框架，将研究视角重新投向机构投资者对代理成本的影响，这么做能够体现出机构投资者进行价值创造的作用机理。②运用 Hansen(1999)的面板门槛回归模型，选择机构持股比例作为“门槛”变量，发现机构持股比例与公司业绩之间存在显著的“门槛效应”，继而本书测算了机构投资者对公司价值的影响发生显著结构性变化时的门槛水平，在给出经验证据的同时也为我国管理层制定关于发展机构投资者的方针政策提供了微观基础。③除了选择“机构持股比例”作为主要研究变量之外，还独创性地构造出“开放式基金占比”这一变量，并将其纳入考察范畴，目的在于检验开放式基金和封闭式基金对公司价值的影响作用是否存在显著差别，丰富了相关研究领域的实证成果。在尽可能规避模型内生性问题的前提下，本书从多角度探讨了机构投资者对公司代理成本及公司价值的影响。

3.1.1 代理成本与公司价值

自 Berle 和 Means(1932)明确提出经营权与所有权之间相互分离的观点之后，现代公司的股东与管理者之间由于两权分离、信息不对称及契约的不完备而产生的代理问题一直是学界讨论的焦点。

公司经理人掌握着公司的经营控制权，为股东追求利益是其职责所在，但作为“理性的经济人”，经理人的效用函数在有些时候与大股东们可能并不完全一致(Shleifer and Vishny，1986)。因此，道德风险的触发，往往会促使经理人从有利于维护自身职位和最大化个人效用的角度出发来管理公司的日常经营，由此便产生了代理冲突问题。理论上，任何形式的代理冲突都会降低公司的价值(Jensen and Meckling，1976)，作为委托人的股东不可能对掌握私人信息的经理人做到全面彻底的监督，当公司的内部控制机制和外部监督机制存在设计或执行缺陷时，经理人出于个人利益，便有可能采取那些损害公司价值或股东利益的经营决策(Jensen and Murphy，1990)。

Morck 等(1988)运用 Tobin Q 来测度公司价值，研究发现当公司管理层联合持股比例大于 5%之后，公司价值会随着管理层联合持股份额的增加而降低。同时，研究还得出，对于一些老的家族企业，由家族内部成员继续管理所创造的公司价值低于由外部职业经理人管理所创造的公司价值。Stulz(1988)在其研究中也得出了 Tobin Q 值与公司价值之间存在区间效应的实证结果，作者解释，当公司管理者手中的持股份额不断增加，其对公司的控制权也随之增强，股权庇护效应使其能够有效抵御被市场接管的风险，通过大量持股而获得股权保护的管理者便可能以权谋私，通过侵占公司利益来满足个人需求，而诸如此类代理问题的发生便会使得公司价值随之降低。

另外，也有学者从经理人薪酬激励机制、投资者保护及公司资本结构等角度探讨代理成本与公司价值之间的关系。Lewellen 和 Huntsman(1970)的实证结果表明，管理人员的收入水平与公司绩效具有显著的正向关系，有效的薪酬契约能够使管理者更多地从股东利益最大化的角度采取经营决策，从而降低代理成本，提高了公司价值。Shleifer 和 Wolfenzon(2002)设计出了一个有关“犯罪与惩罚”的分析模型，该模型对于投资者保护与公司财务之间关系的理论分析得到了许多经验结果的印证，其中一条重要结论即为，较强的投资者保护能够降低公司的代理成本，增加公司绩效。Grossman 和 Hart(1982)指出，企业的负债融资能够在一定程度上促进治理效率的提高，这是因为负债比例的提高意味着企业破产风险的增加，这将无形中对经理人形成激励作用，为了避免由企业破产导致的个人福利损失，经理人需要更加努力工作，并且负债提高的同时意味着企业的自由现金流的减少，这也同时限制了经理人的在职消费和盲目投资(Jensen,1986)，因此，合理的企业资本结构被认为是协调委托代理关系的有效工具。

3.1.2 机构投资者对代理成本和公司价值的影响

国外学者关于机构投资者对公司价值的影响存在三种主流观点。

第一种观点认为，机构投资者凭借自身的专业能力和大股东地位，能够以较低的监督成本实现对管理层的监督，有利于公司价值的提升。Shleifer 和 Vishny(1986)研究得出，为了获取更大收益，机构投资者有动力来监督公司的经营行为，并且由于拥有大量的股权，机构投资者也有能力实现这样的监督。Agrawal 和 Mandlker(1990)指出，机构投资者作为大股东，有能力直接影响公司的日常经营，机构投资者通过投身于公司治理，监督被投资公司的经营决策，能够起到提升公司价值的作用。Woidtke(2002)研究发现，私人养老基金的持股比例与其所投资的公司价值之间存在正相关关系，作者认为这是由于私人养老基金管理者的报酬与其业绩直接相关，迫使管理者有动力参与公司治理，监督公司大股东行为，继而促进了公司价值的提升。Brent (2002) 研究指出，从 2001 年以后，越来越多的公共基金开始选择参与股东议案和争取投票代理权，由此进一步增强自身参与公司治理的深度。Cornett 等 (2007) 在考察不同类型机构投资者持股与其所投资的公司业绩表现之间的关系时得出，公司业绩表现与压力不敏感型机构投资者的持股份额正相关，从而也就证实了机构投资者在参与公司治理时也体现出了一定程度的异质性作用。

第二种观点认为，机构投资者不满意公司管理层的经营决策时，会更倾向于选择“用脚投票”，而不是积极参与公司治理。Admati 等 (1994) 研究发现，“搭便车”现象的发生使得多家机构投资者之间难以形成有效的合作机制来共同参与公司治理，当公司绩效恶化时，机构投资者更倾向于出售股票来规避投资损失，而不是采取对公司经营行为进行纠正的措施。Parrino 等 (2003) 从 CEO 变更的视角研究了机构投资者对公司治理的作用，发现机构投资者卖出股票先于公司 CEO 变更，说明当其不满意公司的经营决策时，选择了“用脚投票”的策略，而不是积极地直接参与治理。

第三种观点则认为，机构持股与公司业绩之间不存在确定的关系。例如，Duggal 和 Millar (1999) 从公司并购决策的视角研究了机构投资者对公司价值的影响，研究发现机构投资者对公司的规模及公司股票是否为标准普尔 500 (S&P500) 指数成分股有着强烈的偏好，但是并没有找出机构投资者提升公司价值的证据。

近年来，随着我国政府部门出台了一系列促进机构投资者入市的政策和法规，国内不少学者也逐渐开始重视机构投资者对公司治理效率和公司价值的影响。其中，杨合力等 (2012) 运用最小二乘法和两阶段回归检验得出，机构投资者与公司治理正相关，与企业绩效存在正相关，公司治理与企业绩效正相关，公司治理的改善有助于提高企业绩效。钱露 (2011) 利用博弈模型，从理论上论证了相对于选择短期投资策略而言，选择长期投资策略的机构投资者更加适合于参与公司治理，研究还同时指出，在目标公司只被一个机构投资者持有的情况下，会更加适合其发挥治理效应，而在目标公司被多个持股比例相当的机构投资者共同持有的情况下，则不利于机构投资者发挥治理效应。石美娟和童卫华 (2009) 以我国 2005 年至 2007 年的已完成股权分置改革的公司为研究样本，研究发现，机构投资者的持股比例与公司价值之间存在显著的正相关关系，从而说明作为流通股大股东的机构投资者的确提升了公司的价值。吴晓晖和姜彦福 (2006) 分别使用面板数据及截面数据考察了我国机构投资者的公司治理效应，结果表明，我国机构投资者的持股水平与公司价值之间存在着显著的正相关。王雪荣和董威(2009)研究发现，机构投资者作为一个总体，并没有参与到公司治理中，他们的赢利方式仍是通过传统的投机行为来获得收益，但当某些机构投资者持有了较多股份后，便会综合衡量监督的成本与收益，从而有可能转化为主动参与公司治理的“用手投票”型机构投资者。范海峰等(2009)分别研究了证券投资基金和社保基金的治理效应，结果表明，鉴于政治因素、社会压力及基金管理者薪酬机制等方面的差异，这两类基金与所持公司之间的利益关系并不完全相同，从而会在公司治理方面产生不同的影响。刘星和吴先聪(2011)也从异质性机构投资者的视角展开了研究，研究发现，证券投资基金持股与公司绩效之间存在显著的正向关系，表明证券投资基金有助于提高公司绩效，但是QFII对我国上市公司的绩效并没有呈现出显著影响。同时，作者探讨了股权分置改革和所有权结构对机构投资者治理效应的影响，结果发现，股改过程及国有产权背景均对机构投资者的治理效应产生负面影响。

3.2 研究设计

3.2.1 样本选择

本章选取2007～2012年沪深两市A股上市公司的季度数据作为研究样本，公司财务数据取自中国股票市场交易(China Stock Market Accounting Research，CSMAR)数据库，机构投资者持股数据来源于和讯网。本章根据研究需要对样本数据进行了如下处理：①为避免兼并重组的影响，剔除总资产成长率或营业收入成长率大于100%的公司；②剔除金融类上市公司和样本区间内被特别处理（special treatment，ST）或特别转让（particular transfer，PT）的公司；③为避免异常值的影响，对模型中主要变量在0.01水平上进行缩尾(winsorize)处理；④剔除缺乏相关财务数据的公司。

最终得到2358家上市公司，样本总体为非平行面板结构，样本公司最长时间跨度24个季度，全样本共计36 703个观察值。

3.2.2 SFA模型

20世纪90年代以来，有关SFA模型的探讨越来越多，并在有关技术效率(technical efficiency)的研究领域中得到了大量的应用。按照经济学定义，技术效率是与生产可能性边界相关的概念，主要用来刻画在一定的生产投入下，实际产出与理论最大产出的距离，距离越大，表明技术效率越低。SFA是用来测算技术效率并对影响技术效率的相关因素进行估计和检验的一种技术方法，SFA 能够判断原始方程中的误差项是否存在复合结构，即是否可以将其“分解”为服从双边分布的普通误差和服从单边分布的非效率误差，如果存在这种复合结构，就可以对原始方程进行“分块式”估计。由于 SFA 着眼于分析不同个体之间技术效率的相对差异，所以在具体模型的构造中，并不需要加入所有解释变量。基于技术效率的分析框架，公司前沿价值可定义为当公司管理者在所有的治理决策上均做出最佳设定时(代理成本为零)所能产生的最大价值，那么，由于代理冲突的存在，公司的实际价值将会系统性单边偏离其前沿价值，偏离的部分即为非效率部分，可视为代理成本(苏治和连玉军，2011)。

假定公司的前沿价值为 P_{it}^*，并将其表示为式(3-1)

$$P_{it}^* = f(X_{it}) + v_{it} \tag{3-1}$$

其中，X_{it} 为由一组能够反映公司资产特征的变量所构成的向量；v_{it} 为通常意义上的随机干扰项；$v_{it} \in \text{iid}$ 并服从 $N(0,\sigma_v^2)$ 分布。然而在现实情形中，由于代理冲突的存在，公司实际价值会系统性地偏离前沿价值 P_{it}^*。那么，在考虑代理成本的情况下，公司的实际价值可表示为式(3-2)

$$P_{it} = f(X_{it}) - F(Z_{it}) + v_{it} \tag{3-2}$$

其中，$F(Z_{it})$ 为由代理冲突导致的公司价值的损失，反映了代理成本的大小。由于代理成本的存在只会使得公司价值降低，具有单边(one-sided)分布的特征，若设 $F(Z_{it}) = u_{it}$，则公司实际价值也可表示为式(3-3)

$$P_{it} = f(X_{it}) + \varepsilon_{it}, \quad \varepsilon_{it} = v_{it} - u_{it} \tag{3-3}$$

式(3-3)构建了一个公司价值随机前沿模型。随机干扰项 ε_{it} 呈现出复合结构，由两部分组成——v_{it} 和 u_{it}。其中，$v_{it} \in \text{iid}\ N(0,\sigma_v^2)$，为常规意义上的随机干扰项；$u_{it}$ 为由代理冲突导致的公司价值损失，这里本章假定 u_{it} 服从非负的截断型半正态分布，即 $u_{it} \in N^+(m_{it},\sigma_{it}^2)$，式中，$m_{it}$ 为实际公司价值与前沿价值的偏离程度，即代理成本的大小，σ_{it}^2 衡量了这种偏离的不确定性。这里 m_{it} 和 σ_{it}^2 均为异质性参数，随不同公司个体和时间的变化而变化，本章对 u_{it} 的分布特征做出如下异质性设定

$$m_{it} = \exp(b_0 + z_{it}'\delta), \quad \sigma_{it}^2 = \exp(b_1 + z_{it}'\gamma) \tag{3-4}$$

其中，z_{it}'为一系列反映机构投资者持股特征的变量所构成的向量；b_0和b_1均为常数。由于本章假设u_{it}服从非负的截断型半正态分布，即约束了其分布参数m_{it}和σ_{it}^2均为非负，所以表达式均采用指数形式，事实上，$\ln(m_{it})$和$\ln(\sigma_{it}^2)$依然是z_{it}'的线性函数。基于式(3-4)的估计形式，本章不但可以考察机构投资者对公司价值缺口(代理成本)m_{it}的影响，还能检验出其对公司治理效果的不确定性σ_{it}^2的影响。

有别于OLS的分析框架，SFA的一大优势就是可以定量测算出第i个样本公司在第t时期的治理效率GE_{it}，其具体表达式为

$$\mathrm{GE}_{it}=\frac{\exp(f(X_{it})-u_{it})}{\exp(f(X_{it}))}=\exp(-u_{it}) \tag{3-5}$$

显然，GE_{it}介于0和1，当$\mathrm{GE}_{it}=0$时$(u_{it}\to\infty)$，公司实际价值为0，代理成本最大；当$\mathrm{GE}_{it}=1$时$(u_{it}\to 0)$，公司治理效率最大化，不存在代理成本，此时公司的实际价值等于前沿价值。

3.2.3 面板门槛模型

3.2.3.1 面板门槛模型的基本思想

基于传统线性回归模型的分析方法，大多都是依托于“解释变量与被解释变量之间存在某种特定的线性关系”这样一个前提假设。但在实际的经济或金融市场环境中，很多研究对象之间并非单一线性关系，两个变量之间的依存度或相关性在更多情况下可能会随着时间的变化或者某一因素的临界值的变化而变化，从而使得回归模型的回归系数或截距项处于一种动态变化中。

上述问题在实证计量领域内被称作“非线性回归”问题，解决这一问题的基本思路是，将某一关键变量设定为门槛变量，再根据该门槛变量的某一(或多个)特定的临界值将原非线性回归模型“拆分”为两个(或多个)线性回归模型，从而在不同的区间内进行分段线性回归，并最终得到各区间段的回归结果。

由理论分析可知，机构投资者对公司价值的影响可能是非线性的。当一家公司的股票被单个或者少数几家机构共同持有时，机构投资者应该会形成一种同盟，选择集中行动，努力提高公司的治理效率，从而可以从公司利润的长期增长中获取一定的治理收益。但是，当共同持有同一家公司股票的机构投资者数量继续增多时，部分机构在“坐享其成”心理的引导下可能会选择“搭便车”行为，最终导致原有的同盟机制在机构投资者数量较多的情况下难以有效发挥作用。所以，

从总量上看，机构投资者所能发挥出的治理效力会随着机构家数的增加而边际递减。因此，在本章中，应当以一只股票上的机构投资者持股比例的总和作为门槛变量，并定量测算出导致机构投资者治理效率发生明显衰减的临界点。从回归结果上看，在这个临界点两侧的区间内，机构投资者持股比例与公司价值间的线性关系应该存在显著不同。

Tong 和 Lim(1980)首次将“门槛值”的思想引入了自回归模型，并将门槛自回归模型应用于时间序列变量的分析之中，但该模型的门槛值需要事先假定，往往并不能很好地刻画原始数据本身所应有的结构特征，缺乏精确性和客观性。Hansen(1999)基于已有门槛回归模型的分析理念，将门槛值引入面板结构的数据中，提出了静态面板门槛模型，该模型的最大优势为不需要人为假定非线性模型的具体形式，门槛个数及具体数值能够根据数据的结构特点精准地内生形成，Hansen 同时提供了一个渐近分布方法估计待估门槛值的置信区间，并可采用“自举法”(bootstrap)估计检验所得门槛值的显著性，该方法大大弥补和改进了门槛回归领域的弊端和不足。因此，为了更好地估计机构投资者对公司价值的影响，本章拟采用 Hansen(1999)所提出的面板门槛模型对样本数据进行实证分析。

3.2.3.2 面板门槛模型的一般形式

下面，以单一门槛模型为例(模型中只存在一个门槛值)，给出面板门槛模型的一般形式。具体如式(3-6)所示

$$y_{it} = u_{it} + \omega_1 x_{it} \times I(p_{it} \le \tau) + \omega_2 x_{it} \times I(p_{it} > \tau) + \varepsilon_{it} \tag{3-6}$$

其中，y_{it} 为被解释变量；u_{it} 为面板固定效应(fixed effect)模型中的个体效应；$I(\bullet)$ 为指标函数；p_{it} 为门槛变量；τ 为待定门槛值；$\varepsilon_{it} \sim \text{iid}(0, \delta^2)$ 为随机干扰项；i 为不同个体；t 为时间序列。

对于面板固定效应模型的估计，一般需要先对各变量进行“平减”处理，以消除个体效应 u_{it}，具体过程如下

$$y_{it}^* = y_{it} - \overline{y_i} = y_{it} - \frac{1}{T}\sum_{t=1}^{T} y_{it} \tag{3-7}$$

$$x_{it}^* = x_{it} - \overline{x_i} = x_{it} - \frac{1}{T}\sum_{t=1}^{T} x_{it} \tag{3-8}$$

$$e_{it}^* = e_{it} - \overline{e_i} = e_{it} - \frac{1}{T}\sum_{t=1}^{T} e_{it} \tag{3-9}$$

样本数据经过“平减”及消除个体效应，便可简单“堆积”，采用OLS模型进行估计

$$y_{it}^* = \beta_0 + \beta_1 x_{it}^* \times I(p_{it} \le \tau) + \beta_2 x_{it}^* \times I(p_{it} > \tau) + \varepsilon_{it}^* \tag{3-10}$$

在OLS模型方法下，对于任意给定的门槛值τ，可以采用式(3-11)中的计算以得出参数β的估计值

$$\hat{\beta}(\tau) = x^*(\tau)'y^* / (x^*(\tau)'x^*(\tau)) \tag{3-11}$$

在 OLS 模型方法下，与给定门槛值τ相对应的模型残差平方和可表示为式(3-12)的形式

$$\begin{aligned} S_1(\tau) &= \hat{e}^*(\tau)'\hat{e}^*(\tau) \\ &= y^{*\prime}(I - x^*(\tau)'(x^*(\tau)'x^*(\tau))^{-1}x^*(\tau)')y^* \end{aligned} \tag{3-12}$$

显然，τ越接近真实的门槛水平，其回归模型中的残差平方和$S_1(\tau)$就越小。因此，在实际操作中，可以通过连续搜索的方式获得$S_1(\tau)$的最小值$S_1^{\min}(\tau)$，并将$S_1^{\min}(\tau)$处对应的τ值记为真实门槛值$\hat{\tau}$，即$\hat{\tau} = \arg\min S_1(\tau)$。在得到门槛值的参数估计值后，需要进行两方面的检验。

一是门槛效应的显著性检验，即检验模型(3-10)在代入门槛值$\hat{\tau}$后β_1和β_2是否存在显著性的差异，若无显著差异，则说明该模型的门槛效应不明显。该检验的原假设为$\mathrm{H}_0:\beta_1 = \beta_2$，对应的备择假设为$\mathrm{H}_1:\beta_1 \ne \beta_2$，检验统计量为

$$F_1 = \frac{S_0 - S_1(\hat{\tau})}{\hat{\sigma}^2} \tag{3-13}$$

其中，S_0为在原假设H_0计算产生的残差平方和；$S_1(\hat{\tau})$为经过参数估计后计算产生的残差平方和；$\hat{\sigma}^2$为经过参数估计后计算产生的残差方差。在H_0的原假设中，门槛值τ并非显著存在，因此统计量F_1的分布形态并非一个标准形式。根据Hansen推荐的方法，可以采用“自举法”(bootstrap)来获得该统计量的渐进分布，继而构造对应的P值。

二是确定门槛值的置信区间，即考察前面得出门槛估计值$\hat{\tau}$是否和真实值τ_0一致，原假设为$H_0:\hat{\tau}=\tau_0$，对应的备择假设为$H_1:\hat{\tau}\neq\tau_0$。相应的似然比统计量为

$$LR_1(\tau)=\frac{S_1(\tau)-S_1(\hat{\tau})}{\hat{\sigma}^2} \tag{3-14}$$

由于该统计量的分布形态同样不是标准的，可以根据 Hansen 在研究中所运用的公式，计算出原假设的拒绝域，即当$LR_1(\tau)>-2\lg(1-(1-\alpha)^{1/2})$时，原假设不能成立，需要被拒绝，该式中$\alpha$为显著性水平。大多数情况下，当$\alpha$对应于 5%的显著性水平时，LR 统计量对应的临界值为 7.35。

3.3 实证检验

3.3.1 变量定义与描述性统计

SFA 模型是基于技术效率的分析框架对影响“最大产出”的相关因素进行估计和检验的一种技术方法，所以 SFA 模型中的解释变量一般由两部分构成：一部分用来刻画最大产出，即生产可能性边界；另一部分用来刻画影响实际产出与最大产出的距离，距离越大技术效率越低。本章参考苏治和连玉军(2011)及其他一些已有文献，采用一系列反映公司财务特征的指标作为控制变量来构建公司的价值前沿(生产可能性边界)，包括公司规模 Size 、营业收入增长率 Salegr 、资产回报率 Roa 、有形资产比率 Tang 、总资产成长率 Tagr 、投资支出 Invt 和负债率 Lev 。同时，采用一系列机构投资者变量作为主要研究对象，考察机构投资者对公司价值的影响作用，包括机构持股比例 Fund ，机构持股比例平方 $Fund^2$ 及开放式基金占比 Kport 。各变量的具体定义形式见表 3-1。

表 3-1 变量名称与定义

变量类型	变量符号	含义	计算方法
前沿价值决定因素	Size	公司规模	总资产的对数值
	Invt	投资支出	购建固定资产、无形资产和其他长期资产支付的现金，用总资产标准化后取对数
	Salegr	营业收入增长率	当期营业收入与前一期营业收入比值
	Tang	有形资产比率	固定资产净额与存货净额之和，用总资产标准化
	Tagr	总资产成长率	当期总资产与前一总资产比值
	Roa	资产回报率	净利润与总资产的比值
	Lev	负债率	负债合计与总资产的比值

续表

变量类型	变量符号	含义	计算方法
机构持股特征	Fund	机构持股比例	证券投资基金持股比例，为开放式基金持仓比例与封闭式基金持仓比例之和
	$Fund^2$	机构持股比例平方	证券投资基金持股比例的平方
	Kport	开放式基金占比	开放式基金持股比例与所有基金持股比例的比值

表 3-2 列出了模型中所涉及变量的描述性统计结果。可以看出，机构持股比例变量 Fund 的最小值为 0，最大值为 64.87%，平均值是 2.138%，中位数是 0。Fund 的分布形态显著右偏，机构投资者表现出了扎堆持股的特征，即大多数机构投资者都偏好某一类具有相似特征的股票群体，他们并不是将全部资产在所有类型的股票上进行了平均分配。

表 3-2　变量描述性统计

变量类型	变量名	均值	中位数	标准差	最小值	最大值
公司价值	Tobin*Q*	0.724	0.666	0.499	−0.159	2.126
前沿价值决定因素	Size	21.77	21.59	1.200	19.68	25.52
	Invt	−3.997	−3.701	1.570	−9.452	−1.522
	Salegr	0.347	0.462	0.711	−0.892	1.761
	Tang	0.416	0.410	0.180	0.0430	0.827
	Tagr	0.0350	0.0230	0.0830	−0.151	0.404
	Roa	0.0290	0.0210	0.0350	−0.0600	0.156
	Lev	0.451	0.466	0.209	0.0390	0.861
机构持股特征	Fund	2.138	0	5.358	0	64.87
	$Fund^2$	33.28	0	146.9	0	4208
	Kport	0.308	0	0.450	0	1

注：机构持股比例(Fund)是以百分数的形式表示，表中%符号未显示

表 3-3 列出了主要变量间的 Pearson 相关系数，可以看出，机构持股比例 Fund 和公司价值 Tobin*Q* 的相关性为 0.197，在 1%的置信度上显著，和资产回报率 Roa 的相关性为 0.279，在 1%的置信度上显著，和总资产成长率 Tagr 的相关系数为 0.118，同样在 1%的置信度上显著。这一系列基本统计结果均表明机构投资者和公司业绩之间呈现出了非常明显的正向关系，与预期一致。此外，Fund 与公司规模 Size 的显著正相关也表明机构投资者偏好大规模公司的股票。这与很多已有研究的结论是相符的。

表 3-3 主要研究变量的 Pearson 相关系数检验

变量	Tobin$Q$	Size	Invt	Salegr	Tang	Tagr	Roa	Lev	Fund	Kport
Tobin$Q$	1									
Size	-0.517^{***}	1								
Invt	0.027^{***}	0.037^{***}	1							
Salegr	-0.038^{***}	0.006	0.248^{***}	1						
Tang	-0.244^{***}	0.213^{***}	-0.072^{***}	-0.025^{***}	1					
Tagr	0.027^{***}	0.123^{***}	0.068^{***}	0.039^{***}	-0.062^{***}	1				
Roa	0.334^{***}	0.003	0.285^{***}	0.200^{***}	-0.213^{***}	0.135^{***}	1			
Lev	-0.445^{***}	0.476^{***}	-0.13^{***}	-0.001	0.414^{***}	0.114^{***}	-0.346^{***}	1		
Fund	0.197^{***}	0.247^{***}	0.064^{***}	0.002	-0.074^{***}	0.118^{***}	0.279^{***}	-0.010^{*}	1	
Kport	0.135^{***}	0.323^{***}	0.106^{***}	0.021^{***}	-0.080^{***}	0.104^{***}	0.280^{***}	-0.022^{***}	0.532^{***}	1

*，**，***分别表示 10%，5%及 1%的显著性水平

总的来看，在没有控制其他因素的影响下，各变量间的 Pearson 相关系数并没有表现出过高的相关性(没有显著大于 0.6)，从而避免了模型中由于变量的多重共线性而产生的估计偏误。在加入其他解释变量后，本章将采用 SFA 模型和面板固定效应模型(Panel_FE)做进一步检验。

3.3.2 机构投资者对代理成本的影响

3.3.2.1 具体的 SFA 模型

基于本章 3.2.3.2 小节所介绍的 SFA 模型的一般表达形式，式(3-15)、式(3-16)和式(3-17)给出本章 SFA 模型的具体形式。

$$\begin{aligned}\ln(\text{Tobin}Q_{it}) = {} & \beta_0 + \beta_1\text{Size}_{it} + \beta_2\text{Salegr}_{it} + \beta_3\text{Roa}_{it} + \beta_4\text{Tang}_{it} + \beta_5\text{Tagr}_{it} \\ & + \beta_6\text{Invt}_{it} + \beta_7\text{Lev}_{it} + (v_{it} - u_{it})\end{aligned} \tag{3-15}$$

$$\ln(m_{it}) = b_0 + \delta_1\text{Fund}_{i,t-1} + \delta_2(\text{Fund}_{i,t-1})^2 + \delta_3\text{Kport}_{i,t-1} \tag{3-16}$$

$$\ln(\sigma_{it}^2) = b_1 + \gamma_1\text{Fund}_{i,t-1} + \gamma_2(\text{Fund}_{i,t-1})^2 + \gamma_3\text{Kport}_{i,t-1} \tag{3-17}$$

接下来，本章将结合 SFA 模型，试图解决三个相互关联的问题。第一，我国机构投资者是否会从影响代理成本的途径影响公司价值。第二，如果有影响，这种影响是否是线性的。第三，2007 年之后我国上市公司的治理效率如何，即代理成本的测算。

公司价值前沿如式(3-15)所示，遵循 SFA 模型的处理方法，本章使用 Tobin*Q* 的对数形式 ln(Tobin*Q*) 作为被解释变量来衡量公司的实际价值。在式(3-15)右边的解释变量中，Size 代表公司规模，根据一些国外已有研究的经验证据，小公司通常比大公司具有更高的 Tobin*Q* 值，所以在本章中，同样预期公司规模 Size 与 Tobin*Q* 负相关；Roa 是衡量企业绩效的重要指标，预期其与 Tobin*Q* 正相关；Invt 代表投资支出，理论上，如果公司投资行为适当则有利于公司价值提升，但若存在过度的盲目投资行为，同样也会损害公司价值，所以 Invt 与公司价值的关系还需要进一步验证；负债率 Lev 对公司价值的影响同样存在两种观点，一方面，依据 Jensen(1986)的自由现金流假说，高负债率能够提高公司价值，另一方面，同样也有经验证据表明，公司所拥有的无形资产(如人力资本、知识产权和客户忠诚度等)越多就越倾向于选择较小的负债率(Habib and Ljungqvist，2005)，因此，负债率也会与公司价值呈现出负向关系。

有必要指出，Tobin*Q* 为公司市场价值与资本重置成本的比值，是绝大多数研究中表征公司价值最常见的指标，相对于某些其他会计指标而言更加客观，具有较难受到人为操控的优点。由于本章所选择的研究样本的时间起点为股改完成之后(2007 年)，基本不存在“同股不同权”的问题，非流通股股东利益与流通股股东利益一致，股票市场价格更能反映公司的实际价值，因此本章使用权益资本的市场价值与债务资本的市场价值之和代表公司的市场价值，用年末资产总额来表示资本重置成本。具体地，Tobin$Q$ =(负债账面价值+股票价格×流通股与非流通股之和)/年末资产总额。

式(3-15)中的随机干扰项 ε_{it} 由 v_{it} 和 u_{it} 两部分组成。其中，v_{it} 为常规意义上的随机干扰项，而 u_{it} 是本章的研究重点，用来表征代理成本的分布形态，其服从非负的截断型半正态分布，表示由于代理成本的存在，公司实际价值会单边偏离公司的前沿价值。所以，$u_{it} \in N^{+}(m_{it}, \sigma_{it}^{2})$，其中 m_{it} 衡量了代理成本的大小，即公司的实际价值与前沿价值的平均偏离程度，而 σ_{it}^{2} 衡量了这种偏离的不确定性。这里 m_{it} 和 σ_{it}^{2} 均为异质性参数，会随个体和时间的不同而不同。

在式(3-16)中，本章分别从机构持股比例 Fund、机构持股比例平方 Fund^2、开放式基金占比 Kport 这三个维度来检验机构投资者对公司代理成本 m_{it} (水平值)的影响。具体地，Fund 为季度末机构投资者所持有的市值占个股总流通股市值的比例，是开放式基金持股比例与封闭式基金持股比例之和。考虑到机构持股比例对代理成本的影响有可能是非线性的，本章还加入了机构持股比例的平方项 Fund^2，旨在考查随着机构持股比例的增加，机构投资者对公司价值的边际影响是否会发生显著变化。从市场博弈的角度分析，当某只股票被多数不同机构投资者“扎堆”持有时，部分基金管理者可能不再愿意通过合作的方式参与公司治理而转为选择“搭便车”，这种情况的发生显然不利于公司价值的提高。另外，开放式基金占比 Kport 反映了机构持股份额中开放式基金所占的比例介于 0～1，本章加入这一项是为了检验开放式基金与封闭式基金在参与公司治理时的效果哪个更好，如果该项系数不显著，则表明两种基金的治理效果无显著差异。在式(3-17)中，本章采用了与式(3-16)相同的解释变量来检验机构投资者对价值缺口的不确定性 σ_{it}^{2} (方差值)的影响，其能够反映机构投资者治理效应的发挥是否具有稳定性。

根据某些已有文献的实证结果，机构投资者持股与公司价值之间的确存在正相关，但这并不能构成机构投资者提升公司价值的直接证据。基于机构投资者的价值选择偏好，业绩表现好的公司往往更能够吸引机构的青睐，进而引发机构持股比例的上升，这意味着如果从变量的同期相关性进行分析，可能会导致模型存在严重的内生性问题。考虑到机构投资者参与公司治理、降低代理成本进而提升公司业绩的过程只可能发生在其持股之后，所以在式(3-16)和式(3-17)中，所有有关机构投资者持股特征的解释变量均使用滞后一期，这种处理方法与在两阶段最小二乘法及工具变量 GMM 模型中引入变量的滞后项作为工具变量的初衷也是一致的，能够在很大程度上削弱模型中存在的内生性问题。

3.3.2.2 SFA 模型及 Panel_FE 模型估计检验结果

表 3-4 列出了两种模型下的估计结果，即 SFA(模型(1)、模型(2)、模型(3))和 Panel_FE 模型(模型(4)、模型(5))。SFA 模型的估计形式自上而下可以划分为四个部分：第一部分是前沿函数部分，通过一系列主要的财务变量来刻画公司的价值前沿；第二部分是价值缺口部分，用来检验机构投资者对公司代理成本(水平值)的影响；第三部分是价值缺口不确定性部分，用来检验机构投资者发挥治理效力的稳定性；第四部分是有关估计结果的几个重要诊断数值。模型(1)是本章考察的重点，其没有对参数估计施加任何约束，认为机构投资者对公司代理成本的大小及其不确定性均存在异质性影响。模型(2)和模型(3)分别在模型(1)的基础上引入了不同约束条件，模型(2)假设机构投资者能够影响代理成本的大小，但对其不确定性没有影响；模型(3)则假设公司价值不存在系统性的偏离，代理成本为 0。

表 3-4 SFA 模型及 Panel_FE 模型估计检验结果

模型	SFA 模型				Panel_FE 模型	
	(1)	(2)	(3)		(4)	(5)
	无约束	$\sigma_{it}^2=\_con$	$m_{it}=0,\sigma_{it}^2=0$		Half	All
	公司前沿价值(前沿函数部分)					
Size	$-0.237\,9^{***}$	$-0.237\,0^{***}$	$-0.204\,4^{***}$	Size	$-0.396\,4^{***}$	$-0.422\,9^{***}$
	(−121.23)	(−121.04)	(−78.87)		(−86.19)	(−93.50)
Invt	$-0.013\,1^{***}$	$-0.013\,5^{***}$	$-0.019\,2^{***}$	Invt	$-0.016\,6^{***}$	$-0.016\,0^{***}$
	(−10.22)	(−10.47)	(−9.40)		(−10.89)	(−10.82)
Salegr	$-0.051\,6^{***}$	$-0.052\,2^{***}$	$-0.066\,2^{***}$	Salegr	$-0.037\,8^{***}$	$-0.034\,8^{***}$
	(−18.65)	(−18.78)	(−16.13)		(−17.71)	(−16.83)
Tang	$-0.029\,2^{**}$	$-0.026\,7^{**}$	$-0.065\,3^{***}$	Tang	$-0.199\,2^{***}$	$-0.165\,3^{***}$
	(−2.51)	(−2.29)	(−3.64)		(−10.65)	(−9.11)
Tagr	$0.261\,8^{***}$	$0.266\,4^{***}$	$0.333\,9^{***}$	Tagr	$0.280\,9^{***}$	$0.263\,8^{***}$
	(11.08)	(11.29)	(9.31)		(15.44)	(14.96)
Roa	$3.123\,6^{***}$	$3.194\,4^{***}$	$4.948\,4^{***}$	Roa	$2.297\,9^{***}$	$1.962\,1^{***}$
	(47.84)	(49.40)	(56.97)		(37.61)	(32.91)
Lev	$-0.229\,1^{***}$	$-0.232\,2^{***}$	$-0.410\,8^{***}$	Lev	$-0.118\,2^{***}$	$-0.081\,0^{***}$
	(−19.13)	(−19.30)	(−22.37)		(−5.28)	(−3.73)
cons	$7.503\,7^{***}$	$7.567\,0^{***}$	$5.828\,8^{***}$			
	(93.91)	(178.71)	(106.75)			

续表

模型	SFA 模型				Panel_FE 模型	
	(1)	(2)	(3)		(4)	(5)
	无约束	$\sigma_{it}^2 = \_con$	$m_{it} = 0, \sigma_{it}^2 = 0$		Half	All
价值缺口(代理成本)						
Fund	−0.022 9***	−0.022 4***		Fund		0.017 0***
	(−20.82)	(−23.05)				(21.03)
$Fund^2$	0.000 2***	0.000 2***		$Fund^2$		−0.000 2***
	(4.53)	(5.49)				(−9.84)
Kport	−0.159 4***	−0.158 2***		Kport		0.104 5***
	(−27.57)	(−27.66)				(23.12)
cons	1.711 8***	1.798 6***		cons	9.357 7***	9.854 4***
	(25.48)	(317.99)			(94.88)	(101.87)
价值缺口不确定性				N	36 703	36 703
Fund	0.018 5***			组间 R^2	0.247 3	0.294 0
	(4.39)					
$Fund^2$	−0.000 1					
	(−0.86)					
Kport	0.004 2					
	(0.18)					
cons	−2.130 0***	−2.038 3***				
	(−38.25)	(−275.87)				
N	36 703	36 703	36 703			
对数似然值	−14 609.415	−14 666.819	−24 813.430			
LR test 1	20 408.02***	20 293.22***	——			
LR test 2	——	114.808***	20 408.02***			

注：括号内为 t 值

*，**，***分别表示 10%，5%及 1%的显著性水平

通过模型(1)、模型(2)、模型(3)的前沿函数部分可以得出，公司的前沿价值会随着资产回报率 Roa 和总资产成长率 Tagr 的增大而增加，但也会随着公司规模 Size、投资支出 Invt、营业收入增长率 Salegr、有形资产比率 Tang 和负债率 Lev 的增大而降低，这些结论与之前所预期的基本一致。

通过模型(1)、模型(2)的第二部分可以看出，Fund 前的系数显著为负，分别为-0.0229 和-0.0224，且均通过 1%的显著性水平检验，随着机构持股比例的增加，公司的代理成本(价值缺口)显著降低，表明机构投资者能够促进治理效率的提升，

降低公司的代理成本。机构持股比例的平方项 $Fund^2$ 之前的系数在 1%的水平下显著为正，分别为 0.0002 和 0.0002，表明机构持股比例与代理成本之间存在“L”形关系，而非简单线性关系，这说明机构投资者对公司价值的边际影响会随着持股比例的增加而减弱，与 Black (1990) 的研究结论相符，本书认为这种现象可能是不同基金之间的“搭便车”行为造成的。在机构持股比例增加的初期，介入的基金家数并不多，单个或少数几家基金管理者之间可能会选择合作的方式参与公司治理，这将有利于公司价值的提升，但在机构持股比例增加的后期，随着基金家数的继续增加，部分基金管理者或许不再愿意承担监督成本，而更倾向于选择“搭便车”，这将使得机构投资者对公司治理效率的边际影响开始衰减。所以，机构持股比例与代理成本之间的“L”形关系本质上是基金“扎堆”持股之后出现的“群体性不作为”现象下的产物。同时，本书还注意到，随着开放式基金占比 Kport 的增加，公司代理成本显著下降，这一结果表明开放式基金相较于封闭式基金而言发挥了更加积极的治理作用。究其原因，本书认为，这是由于购买开放式基金的投资人可以随时赎回他们的基金份额，由此便对开放式基金的管理者形成了一种更强烈的制约机制，促使他们必须更加积极地参与到公司治理中去，以求更加有效地提高公司的业绩表现。

通过模型 (1) 的第三部分还可以发现，机构持股比例 Fund 与价值缺口的不确定性的回归系数为 0.0185，且在 1%的水平下显著正相关，这表明机构持股比例的增加会降低其治理效果的稳定性。本书认为其原因同样如前所述，随着机构家数的增多，部分基金的管理者或将选择“搭便车”策略，等待其他基金参与治理，并期望从中分享一定的治理收益。所以，随着基金管理者的治理行为逐渐分化，机构投资者治理效果的稳定性自然也会降低。

通过模型 (1)、模型 (2)、模型 (3) 三个模型在第四部分的似然比检验 (LR test) 可以得出，无论将检验的原假设设定为“不存在代理成本”（对应于 LR test1）还是设定为“存在异质性代理成本”（对应于 LR test2），最终的检验结果都表明模型 (1) 显著优于模型 (2)、模型 (3)。这说明我国上市公司的代理成本存在明显的异质性，同时，我国机构投资者也能够显著影响公司的治理效率。

出于对比和稳健性考虑，本章也遵循了前期大部分学者的做法，使用 Panel_FE 模型进行估计。在此之前，首先需要对 Panel_FE 模型估计中的个体效应 u_i 是否联合显著进行 F 检验，结果显示个体效应 u_i 联合显著性较大，不能被忽略[①]，不可以对数据进行堆积处理，需要采用 Panel_FE 模型进行估计。进一步地，还需要采用 Hausman 检验来确定 Panel_FE 模型或 Panel_RE 模型的选取，Hausman

① 通过 Wald 检验来选择使用 Panel_FE 模型还是 OLS，检验结果表明个体效应显著。F= 18.61，对应的 P= 0.0000，所以应选择 Panel_FE 模型。

检验结果表明，应当选择 Panel_FE 模型进行估计①。

Panel_FE 模型的估计结果如模型(4)、模型(5)所示，其中，模型(4)对应模型(3)，并未加入反映机构投资者持股特征的变量，模型(5)则对应模型(2)，加入了全部的变量。通过对比，可以发现两种模型下变量的系数估计值虽然存在一定差异，但其符号性质与显著性水平都是完全相同的。

值得说明的是，Fund 前的回归系数在模型(2)中为−0.0224，但在模型(5)中为 0.0170；$Fund^2$ 前的系数在模型(2)中为 0.0002，但在模型(5)中为−0.0002；Kport 前的回归系数在模型(2)中为−0.1582，但在模型(5)中为 0.1045。虽然从直观观察，模型(5)与模型(2)中用来表征机构投资者持股特征的变量的系数符号恰恰相反，但在本质上，其结果是一致的。究其原因，这是由 SFA 独特的"分步式"估计方法造成的。SFA 的效率函数部分(价值缺口部分)主要是用来检验机构投资者变量(Fund、$Fund^2$、Kport)对"价值缺口"的影响，如果某变量对"价值缺口"有着正向的作用，这就同时意味着其对前沿价值有着负向的作用。所以，模型(2)中所描述的"随着机构持股比例 Fund 的增加，代理成本显著下降"与模型(5)中的回归结果"随着机构持股比例 Fund 的增加，公司价值显著提升"可以看作同一结论的不同陈述方式。同理，模型(2)中所描述的"随着开放式基金占比 Kport 的增加，代理成本显著下降"与模型(5)中的回归结果"随着开放式基金占比 Kport 的增加，公司价值显著提升"同样也是同一结论的不同陈述方式。

综上，相较于 Panel_FE 模型，本书在 SFA 的分析框架下，不但可以从"价值缺口"的视角直观检验机构投资者对公司代理成本的影响，还能够对机构投资者参与公司治理的不确定性加以研究，弥补了前期学者基于 OLS 框架进行实证研究的不足。同时，在本章的后续小节中，还将结合 SFA 模型的独到优势，定量测算出我国上市公司的治理效率。

3.3.3　机构投资者影响公司代理成本的分组检验

为了检验机构投资者在不同"公司产权"背景和不同"公司业绩"背景下对公司价值的影响作用是否存在显著差异，本书将根据样本公司不同的产权性质(国有和私营)及公司的不同经营业绩(好绩效和差绩效)对全样本进行分组检验。

3.3.3.1　根据产权分组

(1)分组后的基本统计量对比

表 3-5 列出根据产权性质分组后的各变量基本统计结果。其中，从公司

① Hausman 检验结果显示，Chi2(7)=2203.77，相伴 P 值为 0.0000，所以应选择 Panel_FE 模型。

价值来看，国有公司组的Tobin$Q$均值为0.624，明显小于私营公司组的0.855，这说明虽然在现实环境中，国有公司有着比私营公司更大的资产规模，但是资产规模庞大并不意味着公司价值更高，通过分组对比不难看出，私营公司反而拥有更高的公司价值。从决定公司前沿价值的几个关键变量来看，国有公司的规模Size、投资支出Invt、有形资产比率Tang和负债率Lev都要高于私营公司，而前者的营业收入增长率Salegr、总资产成长率Tagr和资产回报率Roa均低于后者。最后，从机构投资者的持股特征来看，国有公司组中的机构投资者平均持股比例Fund为 2.189%，而私营公司组中的机构投资者平均持股比例Fund为 2.071%，这就说明，相比而言机构投资者偏好持有国有公司的股票。

表3-5　根据产权分组的各变量基本统计量对比

变量类型	变量名	国有公司			私营公司		
		均值	中位数	标准差	均值	中位数	标准差
公司价值	Tobin$Q$	0.624	0.549	0.489	0.855	0.812	0.481
前沿价值决定因素	Size	22.138	21.936	1.249	21.280	21.137	0.931
	Invt	–4.089	–3.811	1.564	–3.876	–3.556	1.570
	Salegr	0.330	0.453	0.710	0.369	0.471	0.713
	Tang	0.451	0.447	0.173	0.37	0.358	0.178
	Tagr	0.034	0.023	0.081	0.036	0.023	0.085
	Roa	0.026	0.018	0.034	0.034	0.026	0.035
	Lev	0.510	0.527	0.188	0.375	0.372	0.209
机构持股特征	Fund	2.189	0	5.486	2.071	0	5.187
	$Fund^2$	34.891	0	153.133	31.194	0	138.3
	Kport	0.310	0	0.450	0.304	0	0.450

注：机构持股比例(Fund)以百分数的形式表示，表中%符号未显示

(2)分组后的模型估计结果

表3-6给出了根据产权分组后的模型估计结果，四个模型均使用Panel_FE模型进行估计，其中，模型(1)和模型(2)为国有公司组的检验结果，模型(3)和模型(4)为私营公司组的检验结果。模型(1)和模型(3)为同方差假设下的估计结果，模型(2)和模型(4)为异方差假设下的估计结果。

表 3-6　根据产权分组的模型估计结果

产权分组	国有(Panel_FE)		私营(Panel_FE)	
	(1)	(2)	(3)	(4)
	t_{ols}	t_{robusr}	t_{ols}	t_{robusr}
Size	−0.430 5***	−0.430 5***	−0.421 1***	−0.421 1***
	(−73.65)	(−31.60)	(−56.16)	(−21.30)
Invt	−0.010 7***	−0.010 7***	−0.023 2***	−0.023 2***
	(−5.52)	(−3.31)	(−10.02)	(−6.10)
Salegr	−0.036 3***	−0.036 3***	−0.032 6***	−0.032 6***
	(−13.39)	(−16.60)	(−10.31)	(−12.65)
Tang	−0.046 6**	−0.046 6	−0.347 6***	−0.347 6***
	(−2.06)	(−0.98)	(−11.25)	(−5.65)
Tagr	0.278 2***	0.278 2***	0.251 8***	0.251 8***
	(11.98)	(11.00)	(9.31)	(7.93)
Roa	2.109 3***	2.109 3***	1.815 0***	1.815 0***
	(26.10)	(15.91)	(20.43)	(12.98)
Lev	−0.073 7**	−0.073 7	−0.084 9**	−0.084 9
	(−2.57)	(−1.31)	(−2.47)	(−1.31)
Fund	0.019 4***	0.019 4***	0.013 3***	0.013 3***
	(18.42)	(11.78)	(10.59)	(6.94)
$Fund^2$	−0.000 3***	−0.000 3***	−0.000 1***	−0.000 1**
	(−9.90)	(−6.07)	(−3.56)	(−2.32)
Kport	0.093 9***	0.093 9***	0.113 0***	0.113 0***
	(15.63)	(11.63)	(16.55)	(11.94)
cons	10.056 5***	10.056 5***	9.771 9***	9.771 9***
	(79.74)	(33.72)	(61.76)	(23.31)
N	20 686	20 686	16 017	16 017
F	941.943	250.821	512.860	141.286
组间 R^2	0.325	0.325	0.260	0.260

注:括号内为 t 值

*，**，***分别表示 10%，5%及 1%的显著性水平

基于表 3-6 的结果，在异方差假设下(t_{robust})，国有产权分组中的有形资产比率 Tang 和负债率 Lev 不再显著，私营产权分组中的负债率 Lev 不再显著。其他各变量的符号和显著性均与之前针对全体样本的回归结果高度一致。

通过对比可知,国有公司组的 Fund 系数估计值为 0.0194,私营公司组的 Fund

系数估计值为 0.0133，说明机构投资者更大程度上降低了国有公司的代理成本。本书认为，此处结果应该与前文中针对变量的组间差异检验所得出的“机构投资者偏好持有国有公司的股票”这一结论存在较强的因果联系。另外，$Fund^2$ 的估计系数在四个模型下均显著为负，说明无论是在国有公司组还是私营公司组，机构投资者所能发挥出的缓解代理冲突的作用都会随着机构持股比例的增加而边际递减。同时，Kport 的系数在四个模型中均显著大于零，说明相对于封闭式基金，开放式基金比例的提高的确更加有助于公司价值的提升。

3.3.3.2 根据公司绩效分组

(1) 分组后的基本统计量对比

与大多数研究一致，本书使用公司的资产回报率 Roa 来衡量公司绩效。如前文中的分析，为客观呈现所研究问题的因果关系，并排除机构投资者的“价值选择”行为所带来的内生性后果，本书在所有模型回归中使用的机构投资者变量均采用滞后一期。同理，为尽量控制机构投资者对公司绩效的影响，本书采用滞后一期的公司资产回报率 Roa 作为分组依据。具体地，首先在每个季度上，将全体样本公司根据滞后一期的 Roa 的分位数，从小到大分为三组，然后将第一组定义为差绩效组，将第三组定义为好绩效组。

表 3-7 列示了根据公司绩效分组后的各变量基本统计结果。差绩效组 Tobin*Q* 的均值为 0.545，好绩效组 Tobin*Q* 的均值为 0.961，前者的公司价值明显低于后者，由于公司绩效与公司价值之间存在强烈的正相关关系，所以这显然也是意料之中的结果。公司规模 Size 在两个分组中分别为 21.812 和 21.762，直观上没有太大差别。而差绩效组的投资支出的绝对值 (4.308) 却明显大于好绩效组的投资支出的绝对值 (3.623)，这恰恰说明更高的投资支出并不意味着更高的公司业绩，如果公司出现投资过度，反而会有损于公司价值。另外，差绩效组的营业收入增长率 Salegr 、有形资产比率 Tang 和负债率 Lev 都要高于好绩效组。

表 3-7　根据绩效分组的各变量基本统计量对比

变量类型	变量名	差绩效			好绩效		
		均值	中位数	标准差	均值	中位数	标准差
公司价值	Tobin*Q*	0.545	0.464	0.46	0.961	0.927	0.505
前沿价值决定因素	Size	21.812	21.659	1.231	21.762	21.553	1.183
	Invt	−4.308	−4.014	1.629	−3.623	−3.405	1.335
	Salegr	0.396	0.482	0.719	0.350	0.457	0.670
	Tang	0.463	0.468	0.175	0.370	0.357	0.170
	Tagr	0.022	0.014	0.078	0.048	0.032	0.087
	Roa	0.003	0.005	0.020	0.060	0.055	0.037

续表

变量类型	变量名	差绩效			好绩效		
		均值	中位数	标准差	均值	中位数	标准差
前沿价值决定因素	Lev	0.550	0.580	0.192	0.354	0.350	0.182
机构持股特征	Fund	0.606	0	2.541	4.07	0.060	7.252
	$Fund^2$	6.824	0	57.564	69.153	0.004	210.3
	Kport	0.152	0	0.354	0.467	0	0.481

注：机构持股比例(Fund)以百分数的形式表示，表中%符号未显示

最后，从机构投资者的持股特征来看，差绩效组中的机构投资者平均持股比例 Fund 仅仅只有 0.606%，而好绩效组中的机构投资者平均持股比例 Fund 为 4.070%，两者相差甚远。所以，这一统计结果直观地证明机构投资者的确更加偏好那些业绩优良的公司。

(2) 分组后的模型估计结果

表 3-8 给出根据公司绩效分组后的模型估计结果，四个模型均使用 Panel_FE 模型进行估计，其中，模型(1)和模型(2)为差绩效公司组的检验结果，模型(3)和模型(4)为好绩效公司组的检验结果。模型(1)和模型(3)为同方差假设下的估计结果，模型(2)和模型(4)为异方差假设下的估计结果。

表 3-8 根据公司绩效分组的模型估计结果

产权分组	差绩效(Panel_FE)		好绩效(Panel_FE)	
	(1)	(2)	(3)	(4)
	t_{ols}	t_{robusr}	t_{ols}	t_{robusr}
Size	−0.408 8***	−0.408 8***	−0.494 3***	−0.494 3***
	(−40.07)	(−15.80)	(−50.87)	(−21.26)
Invt	−0.009 0***	−0.009 0**	−0.028 6***	−0.028 6***
	(−3.90)	(−2.41)	(−7.93)	(−4.89)
Salegr	−0.029 2***	−0.029 2***	−0.032 0***	−0.032 0***
	(−8.57)	(−9.53)	(−7.08)	(−9.02)
Tang	−0.104 1***	−0.104 1*	−0.103 6**	−0.103 6
	(−3.35)	(−1.76)	(−2.49)	(−1.21)
Tagr	0.161 6***	0.161 6***	0.347 5***	0.347 5***
	(5.18)	(4.81)	(10.42)	(9.79)
Roa	1.395 3***	1.395 3***	1.464 5***	1.464 5***
	(10.02)	(6.18)	(13.84)	(9.43)

续表

产权分组	差绩效(Panel_FE)		好绩效(Panel_FE)	
	(1)	(2)	(3)	(4)
	t_{ols}	t_{robusr}	t_{ols}	t_{robusr}
Lev	0.024 2	0.024 2	0.065 9	0.065 9
	(0.59)	(0.29)	(1.42)	(0.87)
Fund	0.017 5***	0.017 5***	0.018 0***	0.018 0***
	(6.62)	(4.58)	(14.46)	(9.56)
$Fund^2$	−0.000 3***	−0.000 3***	−0.000 3***	−0.000 3***
	(−3.08)	(−2.65)	(−7.61)	(−4.79)
Kport	0.069 1***	0.069 1***	0.085 7***	0.085 7***
	(7.11)	(6.81)	(10.28)	(8.08)
cons	9.442 5***	9.442 5***	11.442 4***	11.442 4***
	(43.79)	(17.21)	(53.90)	(22.09)
N	11 143	11 143	11 152	11 152
F	236.418	72.885	354.321	88.894
组间 R^2	0.194	0.194	0.270	0.270

注：括号内为 t 值

*，**，***分别表示 10%，5%及 1%的显著性水平

基于表 3-8 的结果，除负债率 Lev 不再显著之外，其他各变量的符号和显著性均与之前针对全体样本的回归结果高度一致。

通过对比可知，差绩效组的 Fund 系数估计值为 0.0175，好绩效组的 Fund 系数估计值为 0.0180，说明相对差绩效组而言，机构投资者更大程度地降低好绩效组代理成本，不过组间差异不是特别大。

具体到机构投资者变量，$Fund^2$ 的估计系数在四个模型下均显著为负，说明无论是在差绩效组还是好绩效组，机构投资者所能发挥出的缓解代理冲突的作用都会随着机构持股比例的增加而边际递减。同时，Kport 的系数在四个模型中均显著大于零，说明相对于封闭式基金，开放式基金比例的提高的确更加有助于公司价值的提升。

3.3.4 机构投资者参与公司治理的门槛效应检验

上文实证结果表明，我国以证券投资基金为代表的机构投资者对上市公司发挥了监督作用，在一定程度上降低了代理成本，提升了公司的价值，而这种积极的作用会随着机构持股比例的增加边际递减。但是，这种边际递减的速率或许并不是均匀的，换句话说，如果继续以机构持股比例 Fund 作为主要研究

对象，那么，机构投资者对公司代理成本的影响力或许会在Fund超过某一数值后发生明显衰减，即多数机构之间的博弈决策会在这一临界值两侧存在明显的改变。

下面，本书将把机构持股比例Fund设定为门槛变量，运用 Hansen(1999)提出的面板门槛模型对机构投资者参与公司治理的门槛效应进行检验，并试图定量测算出引发消极作用的门槛水平，确定机构投资者在参与公司治理决策上选择“搭便车”行为的临界点。

3.3.4.1 具体的面板门槛模型

根据 Hansen(1999)提出的面板门槛模型，本书的机构投资者参与公司治理的面板门槛模型具体形式如式(3-18)所示

$$\begin{aligned}\ln(\text{Tobin}Q_{it}) = &\beta_0 + \beta_1\text{Size}_{it} + \beta_2\text{Salegr}_{it} + \beta_3\text{Roa}_{it} + \beta_4\text{Tang}_{it} + \beta_5\text{Tagr}_{it}\\ &+ \beta_6\text{Invt}_{it} + \beta_7\text{Lev}_{it} + \beta_8\text{Kport}_{i,t-1}\\ &+ \omega_1\text{Fund}_{i,t-1} \times I(\text{Fund}_{i,t-1} \le \tau)\\ &+ \omega_2\text{Fund}_{i,t-1} \times I(\text{Fund}_{i,t-1} > \tau) + \varepsilon_{it}\end{aligned} \tag{3-18}$$

其中，i 为上市公司；t 为季度；$\text{Fund}_{i,t-1}$ 为门槛变量；τ 为待定门槛值；$\varepsilon_{it} \sim \text{iid}(0,\delta^2)$ 为随机干扰项；$I(\bullet)$ 为指标函数。该模型实际上相当于一个分段函数模型，当 $\text{Fund}_{i,t-1} \leqslant \tau$ 时，$\text{Fund}_{i,t-1}$ 的系数为 ω_1，而当 $\text{Fund}_{i,t-1} > \tau$ 时，$\text{Fund}_{i,t-1}$ 的系数为 ω_2。ω_1 与 ω_2 分别衡量了机构投资者在门槛值 τ 两侧的区间里对公司价值的影响力，显然，如果机构投资者对公司代理成本(公司价值)的门槛效应是确定存在的，那么 ω_1 与 ω_2 的模型估计值就应该存在显著差异。

3.3.4.2 门槛值的估计结果

依据3.2.3节中介绍的核心思想，真实门槛值 $\hat{\tau}$ 需要通过对指定门槛变量进行连续搜索的方式得到，而真实门槛值 $\hat{\tau}$ 最终确定的标准，则是对于给定的门槛值 τ，可以得到最小的模型残差平方和 $S_1^{\min}(\tau)$，即 $\hat{\tau} = \arg\min S_1(\tau)$。

所以，本书采用 Hansen(1999)提出的格栅搜索法(grid search)，对式(3-18)中门槛变量 $\text{Fund}_{i,t-1}$ 的门槛值 τ 从小到大进行连续搜索，通过追踪回归模型的残差平方和 $S_1(\tau)$ 的变化，得出当 $\tau = 12.470$ 时，$S_1(\tau)$ 取最小值。表 3-9 给出门槛效应的检验结果，F 统计量对应的 P 值接近 0，表明系数 ω_1 和系数 ω_2 存在显著差异，即机构持股比例对机构投资者参与公司治理的效果存在明显的门槛效应。

表 3-9　门槛效应检验

F 值	P 值	临界值		
		1%	5%	10%
54.199***	0.000	22.258	17.336	14.757

注：P 值和临界值均为采用 bootstrap 抽样 300 次得到的结果
***代表在 1%水平下显著

图 3-1 通过似然比函数图描绘了 LR 值与门槛值的对应关系，并直观地给出了真实门槛值的非拒绝域。图中，虚线处(7.35)与 LR 值构成的区间是门槛估计值的 95%置信区间，而 LR 值的最低点即对应着真实门槛值，其明显小于临界值 7.35，因此，可以认为所得到的门槛值是真实有效的。

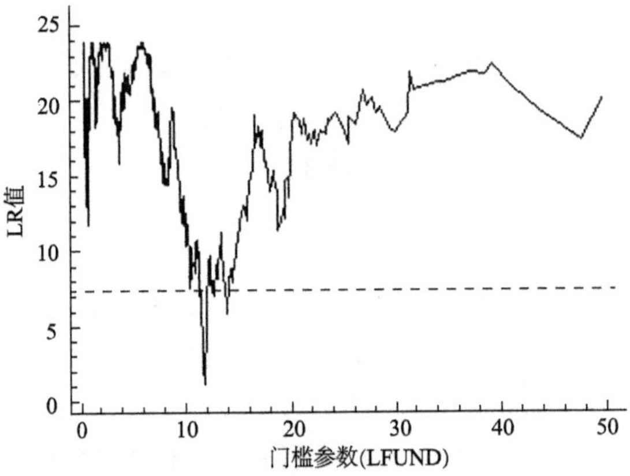

图 3-1　门槛的估计值和置信区间

3.3.4.3　面板门槛模型的估计结果

在完成真实门槛值的测算之后，可将所求得的门槛值（$\tau=12.470$）代入式(3-18)，继而对基于真实门槛值的面板模型进行回归，具体估计结果见表 3-10。表 3-10 列示了两种模型方差假设下的估计结果，其中，模型(1)为同方差假设下的估计结果，模型(2)为异方差假设下的估计结果，两模型均采用 Panel_FE 模型进行估计。

表 3-10　面板门槛模型估计结果

变量	模型(1)		模型(2)	
	Panel_FE	t_{ols}	Panel_FE	t_{robusr}
Size	−0.421***	(−93.15)	−0.421***	(−38.30)
Invt	−0.016 0***	(−10.81)	−0.016 0***	(−6.43)

续表

变量	模型(1)		模型(2)	
	Panel_FE	t_{ols}	Panel_FE	t_{robusr}
Salegr	$-0.034\ 7^{***}$	(−16.79)	$-0.034\ 7^{***}$	(−20.55)
Tang	$-0.164\ 0^{***}$	(−9.03)	$-0.164\ 0^{***}$	(−4.36)
Tagr	$0.264\ 0^{***}$	(14.94)	$0.264\ 0^{***}$	(13.40)
Roa	$1.968\ 0^{***}$	(33.00)	$1.968\ 0^{***}$	(20.57)
Lev	$-0.084\ 5^{***}$	(−3.89)	$-0.084\ 5^{**}$	(−1.98)
Kport	$0.109\ 0^{***}$	(23.81)	$0.109\ 0^{***}$	(17.64)
Fund _ $d1$	$0.014\ 6^{***}$	(18.64)	$0.014\ 6^{***}$	(13.52)
Fund _ $d2$	$0.009\ 8^{***}$	(24.71)	$0.009\ 8^{***}$	(14.77)
cons	9.814^{***}	(101.52)	$9.814\ 0^{***}$	(41.28)
组间 R^2	0.293 0		0.293 0	
N	36 703		36 703	
F	$1\ 422.6^{***}$		372.5^{***}	
Wald 检验	F(45.89)	P(0.000)	F(28.46)	P(0.000)

注：t_{ols} 为同方差设定下的 t 值，t_{robusr} 为异方差设定下的 t 值

***、**、*分别表示在 1%、5%、10%的显著性水平下显著

Fund _ $d1$ 和 Fund _ $d2$ 分别为门槛值两侧区间的估计系数

Fund _ $d1$ 和 Fund _ $d2$ 前的回归系数是这里重点考察的对象，分别反映了在门槛值($\tau = 12.470$)两侧，机构投资者对公司价值的影响力。可以看出，Fund _ $d1$ 和 Fund _ $d2$ 的回归系数均大于零，即机构持股比例始终与公司价值呈现出正相关关系，并均在 1%置信水平下显著。具体而言，当机构持股比例低于 12.47%时，机构投资者对公司价值的影响系数为 0.0146，而当机构持股比例跨过该门槛值时，相应的系数变为 0.0098，即机构投资者对公司价值的影响随着机构持股比例的提高呈现出较大幅度的降低(约下降 33%)。

本书进一步对门槛值两侧 Fund _ $d1$ 和 Fund _ $d2$ 的回归系数进行 Wald 检验，检验结果在 1%的置信水平下拒绝了“两个系数不存在显著差异”的原假设，从而印证了式(3-18)中门槛值的设定是合理的，在门槛值两侧，机构投资者参与公司治理的效果的确发生了显著变化。

3.3.5 我国上市公司治理效率的测算

如 3.2.2 节中所介绍的内容，SFA 模型是一种基于技术效率框架的分析方法，样本个体的实际产出与理论最大产出的距离即衡量非效率部分的大小。SFA 模型在完成回归之后，样本个体的技术效率也就随之被准确地估算出来。

在本书中，公司的实际价值与理论价值的比值本质上就是公司的治理效率，而公司治理效率与公司代理成本实际上是同一问题的不同陈述方式。当公司的治理效率达到百分之百时，公司的代理成本为零，公司的实际价值与理论最大价值相等。实际情况中，公司代理成本不可避免，公司实际价值将会系统性地偏离其前沿价值，表现为治理效率小于 1。接下来，本书将与前文中的研究重点相对应，根据不同的分组标准，定量测算每个分组下的样本公司的平均治理效率。

3.3.5.1 根据机构持有情况分组

根据每家公司的股票是否被基金持有进行分组，当某家公司被基金持股时，该公司股票被定义为“机构股”，反之为“非机构股”。

表 3-11 和图 3-2 给出了从 2007 年到 2012 年，“机构股”组与“非机构股”组的年度组内样本公司平均治理效率的计算统计结果。通过逐年对比可以看出，“机构股”公司的治理效率一直高于“非机构股”公司的治理效率，处于总体样本平均值之上，本书认为这应该是两方面因素共同作用的结果，一是机构投资者的价值选择作用，即业绩好、治理水平高的公司吸引了坚持“价值投资”的机构投资者；二是机构投资者的价值创造作用，这也是本书讨论的重点，即机构投资者积极参与公司治理，发挥出提升公司价值的作用。

表 3-11 “机构股”公司和“非机构股”公司的年度平均治理效率

年份	“非机构股”公司	“机构股”公司	总体样本
2007	0.221	0.248	0.227
2008	0.229	0.262	0.237
2009	0.217	0.248	0.226
2010	0.222	0.245	0.231
2011	0.232	0.250	0.239
2012	0.228	0.248	0.235
总体	0.225	0.249	0.233

与此同时，还可得出，在 2007～2012 年的样本区间内，全体样本公司的治理效率一直处于 23%的水平附近，意味着我国上市公司的治理水平仍然存在着较大的改善空间。当然，我国产业及公司中普遍存在的治理低效率状态也得到了不少前期学者实证研究的印证(Zheng et al.，1998；孙兆斌，2006；何枫和陈荣，2008)。

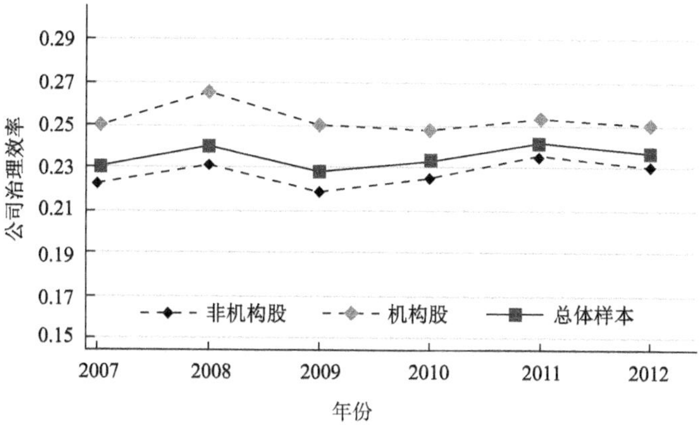

图 3-2 “机构股”公司与“非机构股”公司治理效率走势

3.3.5.2 根据产权性质分组

与 3.3.3 节中对样本公司进行分组定义的方式一致，这里根据公司的产权性质进行分组，将国有控股公司定义为“国有”公司，将个人控股公司定义为“私营”公司。

表 3-12 和图 3-3 给出了从 2007 年到 2012 年，“私营”公司组与“国有”公司组的年度组内平均治理效率的计算统计结果。通过逐年对比可以看出，在 2011 年之前“国有”公司的治理效率一直高于“私营”公司的治理效率，而到了 2011 年及之后年度，“私营”公司的治理效率开始跃居于“国有”公司之上，表现出了更加高效的治理水平。结合 3.3.3 节中的实证结果，虽然相较于“私营”公司，机构投资者对“国有”公司的治理效率发挥出了更加积极的作用，但在 2011 年之后，仍然没能帮助“国有”公司继续处于领跑地位。本书认为，公司治理效率是外部治理与内部治理共同作用的结果，而机构投资者监督作为外部治理方式之一，虽然能够有效影响公司治理效率，但公司价值的最终提升仍需要其他各类外部和内部治理方式的配合，如公司的股权结构、董事会结构、高管薪酬机制等都是影响公司代理冲突的重要因素。

表 3-12 “国有”公司和“私营”公司的年度平均治理效率

年份	“私营”公司	“国有”公司	总体样本
2007	0.220	0.234	0.230
2008	0.232	0.244	0.240
2009	0.217	0.235	0.229
2010	0.230	0.236	0.233
2011	0.242	0.240	0.241
2012	0.239	0.236	0.237
总体	0.234	0.238	0.236

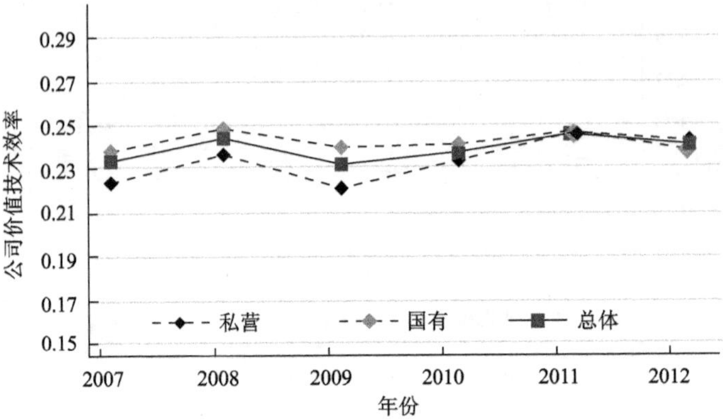

图 3-3 “国有”公司与“私营”公司治理效率走势

3.3.5.3 根据公司业绩分组

与 3.3.3 节中对样本公司进行分组定义的方式一致，这里使用公司资产回报率 Roa 衡量公司业绩，在每个季度上，将全体样本公司根据 Roa 的分位数，从小到大分为三组，将第一组定义为“差绩效”公司组，将第三组定义为“好绩效”公司组。

表 3-13 和图 3-4 给出了从 2007 年到 2012 年，“差绩效”公司组与“好绩效”公司组的年度组内平均治理效率的计算统计结果。通过逐年对比可以看出，从 2009 年开始，两组样本的治理效率差距出现明显收敛，但“好绩效”公司的治理效率仍旧一直高于“差绩效”公司的治理效率，这一统计结果也是符合直觉判断的。结合 3.3.3 节中的实证结果，虽然相较于“差绩效”公司，机构投资者对“好绩效”公司的治理效率发挥出了更加积极的作用，但差别已经不大。本书认为，这里所呈现的组间差异，在更大的程度上应该归因于“好绩效”公司更加优异的内部治理水平。

表 3-13 “差绩效”公司和“好绩效”公司的年度平均治理效率

年份	“差绩效”公司	“好绩效”公司	总体样本
2007	0.208	0.242	0.225
2008	0.221	0.252	0.237
2009	0.223	0.235	0.229
2010	0.227	0.239	0.233
2011	0.234	0.246	0.240
2012	0.232	0.240	0.236
总体	0.226	0.242	0.234

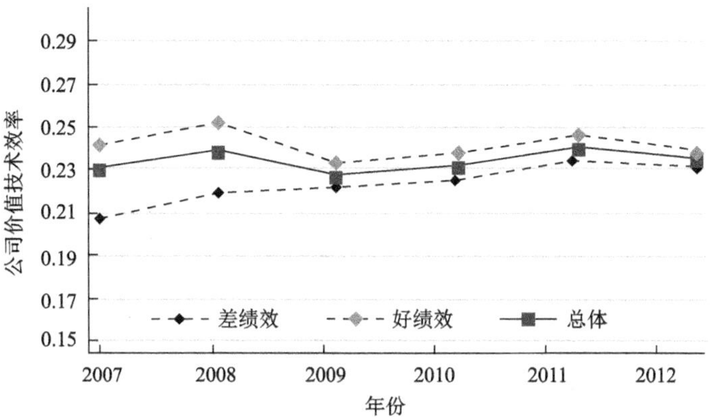

图 3-4　“差绩效”公司与“好绩效”公司治理效率走势

3.4　稳健性分析

与已有文献不同，本章实证的主要特色之一是证明了机构投资者对公司价值的边际效用会随着机构持股比例的增加而递减。而其中的根本原因是机构联合持股比例增长到一定程度时，一些机构投资者参与公司治理的决策行为会发生改变，即由行使积极的股东权利转变为选择“搭便车”。显然，当参与同一只股票的机构投资者越来越多时，选择“搭便车”策略的机构投资者也会随之涌现，从而也不再有助于公司价值以之前的边际速率继续增加。

显而易见，机构投资者变量的选取对本书实证结果至关重要，只有客观地描述机构投资者群体的规模，才能准确地检验机构投资者对公司价值的影响作用。与大多数研究相同，在前面实证的主体部分，本书采用机构持股比例 Fund 来表征机构投资者规模。而在本节的稳健性检验部分，将使用机构家数 Jgjs 表征机构投资者规模，进而在模型中使用 Jgjs 及其平方项 $Jgjs^2$ 替换 Fund 和 $Fund^2$，用开放式基金家数占比 Kport_N 替换开放式基金持股占比 Kport，从而换一个视角考察机构投资者对公司价值的边际影响力。其中，机构家数 Jgjs 等于共同持有某只股票的开放式基金家数与封闭式基金家数的总和，而开放式基金家数占比 Kport_N 则等于某只股票上开放式基金家数与全部基金家数 Jgjs 的比值。

如果之前的实证结果是稳健可靠的，那么可以预期的是，机构家数 Jgjs 对公司价值的回归系数应该显著为正，机构家数的平方项 $Jgjs^2$ 对公司价值的回归系数应该显著为负，同时，开放式基金家数占比 Kport_N 对公司价值的回归系数应该显著为正。

表 3-14 列示了两种模型下的估计结果，即 SFA 模型(模型(1)、模型(2))和 Panel_FE 模型(模型(3)、模型(4))的估计结果。其中，模型(1)没有对参数估计

施加任何约束。模型(2)假设机构投资者能够影响代理成本的大小，但对其不确定性没有影响。模型(3)是 Panel_FE 模型在同方差假设下的估计结果，模型(4)是 Panel_FE 模型在异方差假设下的估计结果。

表 3-14 SFA 模型及 Panel_FE 模型估计检验结果(解释变量：机构家数)

模型	SFA 模型		Panel_FE 模型		
	(1)	(2)		(3)	(4)
	参数无约束	σ_{it}^2 = cons		t_{ols}	t_{robust}
	公司前沿价值(前沿函数部分)				
Size	−0.263 0***	−0.254 6***	Size	−0.447 1***	−0.447 1***
	(−126.53)	(−124.60)		(−95.77)	(−36.73)
Invt	−0.011 8***	−0.012 2***	Invt	−0.015 9***	−0.015 9***
	(−9.17)	(−9.48)		(−10.68)	(−6.26)
Salegr	−0.052 5***	−0.055 1***	Salegr	−0.036 2***	−0.036 2***
	(−19.05)	(−19.87)		(−17.39)	(−21.15)
Tang	−0.023 6**	−0.037 0***	Tang	−0.170 5***	−0.170 5***
	(−2.03)	(−3.17)		(−9.32)	(−4.40)
Tagr	0.280 2***	0.288 1***	Tagr	0.278 7***	0.278 7***
	(11.96)	(12.22)		(15.68)	(13.94)
Roa	2.965 3***	3.177 1***	Roa	2.000 1***	2.000 1***
	(45.93)	(49.17)		(33.25)	(20.71)
Lev	−0.205 3***	−0.215 1***	Lev	−0.055 6**	−0.055 6
	(−17.20)	(−17.93)		(−2.54)	(−1.26)
cons	7.424 9***	7.811 1***			
	(146.59)	(140.07)			
	价值缺口(代理成本)				
Jgjs	−0.038 9***	−0.018 2***	Jgjs	0.011 1***	0.011 1***
	(−20.50)	(−42.22)		(27.39)	(8.92)
$Jgjs^2$	0.000 1***	0.000 1***	$Jgjs^2$	−0.000 0***	−0.000 0***
	(18.28)	(24.77)		(−18.97)	(−3.39)
Kport_N	−0.131 9***	−0.185 3***	Kport_N	0.104 2***	0.104 2***
	(−20.44)	(−36.62)		(24.85)	(16.71)
cons	1.096 0***	1.652 9***	cons	10.381 9***	10.381 9***
	(37.34)	(48.25)		(104.12)	(39.57)

续表

模型	SFA 模型		Panel_FE 模型		
	(1)	(2)		(3)	(4)
	参数无约束	σ_{it}^2 = cons		t_{ols}	t_{robust}
	价值缺口不确定性		N	36 703	36 703
Jgjs	0.047 6***		组间 R^2	0.282	0.282
	(10.20)				
$Jgjs^2$	−0.000 2***				
	(−3.85)				
Kport_N	−0.0726*				
	(−1.81)				
cons	−2.738 1***	−2.094 0***			
	(−153.09)	(−266.55)			
N	36 703	36 703			
对数似然值	−14 382.732	−14 691.840			

注：括号内为 t 值

*，**，***分别表示 10%，5%及 1%的显著性水平

由表 3-14 中的四个模型的回归结果可知，公司价值一方面会随着资产回报率 Roa 和总资产成长率 Tagr 的增大而增加，另一方面也会随着公司规模 Size 、投资支出 Invt 、营业收入增长率 Salegr、有形资产比率 Tang 和负债率 Lev 的增大而降低，这与之前采用机构持股比例 Fund 作为解释变量所得出的回归结果是一致的。

通过模型(1) 和模型(2) 的价值缺口部分可以看出， Jgjs 前的系数分别为 −0.0389 和 −0.0182，并在 1%的置信水平下显著，说明随着机构家数的增加，公司的代理冲突得到缓解，代理成本下降，这与表 3-4 中的结论是高度一致的。模型(1) 和模型(2) 中机构家数平方项 $Jgjs^2$ 之前的系数都是 0.0001，并均在 1%的置信水平下显著为正，表明机构家数与代理成本之间存在“L”形关系，即机构投资者对公司价值的边际影响会随着机构家数的增加而减弱，这与表 3-4 中的结论同样是高度一致的。这说明当某一家公司被较多机构投资者“扎堆”持有时，机构投资者的治理行为会出现分化，部分机构投资者在权衡了治理成本与治理收益之后转而选择“搭便车”行为。此外，开放式基金家数占比 Kport_N 前的系数分别为 −0.1319 和 −0.1853，且均在 1%的置信水平下显著，说明相较于封闭式基金而言，开放式基金在缓解公司的代理冲突中，能发挥更强的影响力，显然，这一结果与表 3-4 中的结论也是一致的。

同样，基于模型(1)的第三部分回归结果可以看出，机构家数 Jgjs 与价值缺口的不确定性的回归系数为 0.0476，且在 1%的水平下显著，说明机构家数的增加会降低其治理效果的稳定性，这与表 3-4 中的结论一致。与此同时，开放式基金家数占比 Kport_N 前的系数为–0.0726，在较弱(10%)的显著性水平下显著，似乎暗示出开放式基金比例的提高有助于机构投资者的治理效力趋于稳定。

与表 3-4 类似，作为有益补充，表 3-14 同样列示 Panel_FE 模型下的回归结果(模型(3)、模型(4))，由于所得结论与模型（模型(1)、模型(2)）高度一致，这里不再复述。

综上，在同时采用了两种模型分析框架(SFA 和 Panel_FE)，以及分别使用机构持股比例 Fund 和机构家数 Jgjs 作为模型的主要解释变量的情况下，各类模型的实证结论均高度相同，无论是关键变量的回归系数还是相关显著性均未发生实质性改变，从而充分证明了本书所得出的主要结论是稳健可靠的。

3.5 小　结

公司价值与代理成本的大小直接相关，理论上，当公司治理效率发挥到极致，代理成本将被完全消除，公司价值处于最优水平。而现实中，代理冲突往往不可避免，这使得公司的实际价值会单边偏离其最优水平，所偏离的“价值缺口”即可视为代理成本。基于这一认识，本书采用 SFA 模型，将代理成本从公司前沿价值中剥离出来，换一个角度对“机构投资者是否能够提高公司价值”这一热点问题进行重新论证。同时，借助 Hansen(1999)提出的面板门槛回归模型，本书进一步对机构投资者参与公司治理的“门槛效应”进行了检验和测算，最后得到以下几点基本结论。①我国以证券投资基金为代表的机构投资者积极参与到公司治理之中，在一定程度上缓解了上市公司的代理冲突，提高了公司价值。②机构持股比例与代理成本之间存在“L”形关系，随着持有同一只股票的机构家数的增多，“搭便车”现象的发生会使得机构投资者对公司价值的提升作用边际递减。此外，机构“扎堆”持股也会降低其发挥治理效力的稳定性。③机构持股比例对机构投资者参与公司治理的效果存在显著的门槛效应，当机构持股比例超过门槛值(约12%)时，治理效果显著下降。④相对于封闭式基金，开放式基金在公司治理方面发挥着更加积极的作用。⑤我国上市公司的平均治理效率仅为 23%，代理成本较高，公司治理水平仍存在较大的提升空间。

4　机构投资者对融资约束的影响

4.1　理论分析与研究假说

投资者通过监督公司披露的信息来做出适当的投资决策，如果监督成本高于资金的机会成本，投资者便不会向公司提供资金，从而使得公司面临不同程度的融资约束。高质量的信息披露是降低市场信息不对称的有力手段，有助于公司降低外部融资成本，提高金融市场的资源配置效率，这已经得到了国内外学者经验证据的支持。然而，由于我国证券市场法律体系尚不完善，单纯依靠行政手段来干预公司信息披露的办法并不十分有效，上市公司信息披露不真实、不及时、不规范等问题普遍存在,上市公司利用自身信息优势获取不当收益的行为屡禁不止。此外，我国投资者结构中大部分为中小散户，持股分散，利益诉求难以统一，倾向于“搭便车”，同样难以促进上市公司信息披露质量的提升。而与中小散户不同的是，机构投资者凭借其规模化、专业化等优势，获得信息的渠道更多，解析信息的能力更强,进而更有能力缓解市场信息不对称。2001 年中国证监会提出“超常规发展机构投资者”，2004 年《国务院关于推进资本市场改革开放和稳定发展的若干意见》提出“继续大力发展以证券投资基金为主要代表的机构投资者”，近年来我国相关市场监管部门相继颁布了一系列促进机构投资者发展的方针政策，并鼓励机构投资者发挥出对公司治理及证券市场应有的正面影响力，从而进一步加强我国上市公司的信息披露水平和披露治理，促进资本市场规范、有序、平稳运转。

融资约束在实质上是融资需求与融资供给之间供求矛盾的一种体现，并会直接影响公司投资效率。Fazzari 等(1988)依据信息不对称理论，从投资-现金流敏感性角度检验了融资约束假说，相关文章成为融资约束理论领域的开篇之作。在此之后，不同国家的学者针对投资-现金流敏感性是否能够作为衡量融资约束的参考指标展开激烈讨论，同时也提出了一系列衡量融资约束的方法，直到今天，信息不对称及融资约束的代理变量的选取依然是学者研究的热点。Opler 等(1999)分析了公司现金持有的各类财务特征，并为后续学者的研究奠定了现金持有研究领域的微观基础，其研究发现，公司对内部现金的持有水平的确与其所面临的融资约束程度存在显著关系，那些融资受到约束的公司，其内部倾向于持有更多的资金。Almeida 等(2004)发现，融资受到约束的公司会从现金流中系统性地留存部分现金，而非融资约束公司则不存在这种系统性需求。屈文洲等(2011)结合我国上市公司数据研究发现，信息不对称程度越高，公司的投资支出越低，所以过高的信息不对称将直接导致公司投资不足，公司投资与公司信息不对称之间存在显著负相关。

Faulkender和Wang(2006)借鉴Fama和French(1998)开创的价值评估方法，讨论了融资约束与公司现金市场价值之间的关系，文中并未提出新的衡量融资约束的指标，而是参考了几种主流的衡量标准，分别采用股利支付率、公司规模、债券评级、商业票据评级作为融资约束程度的替代变量，对文中提出的假设进行了稳健性检验，并得出了一致性的结论。研究表明，融资约束水平与公司现金市场价值存在正相关关系，融资约束水平越高，公司内部的现金市场价值越高；随着融资约束程度缓解，外部融资成本下降，公司现金市场价值降低。另外，研究还得出，公司现金市场价值随着现金持有量的增加和负债水平的提高边际递减。作者从现金市场价值的角度对不同公司所面临的融资约束差异进行了解读。在现实市场环境中，由于市场摩擦和信息不对称的存在，公司面临着高昂的交易成本和外部融资成本，为使公司价值最大化，受到融资约束的公司在面临投资机会时，往往更加依赖内部融资，表现为公司的现金持有水平与其所受到的融资约束程度直接相关。现金的边际价值对于融资约束程度较高的公司来说应该被赋予更高的评价，这是因为持有更多的内部现金可以抵消公司在外部融资过程中产生的高昂成本，而对于融资约束程度较低的公司来说，由于其融资渠道灵活，公司能够从外部以较低的融资成本获得资金来满足公司的投资需求，这必然造成公司内部所持有的现金发生折价效应。所以，在检验机构投资者是否能够缓解公司的信息不对称(融资约束)这个问题上，如果围绕着现金持有水平和现金价值的变化情况展开研究，将是一个非常直观、有效的探索路径。

所以，公司如果面临融资约束，则会对内部融资的依赖性更强，表现为其内部现金价值更高(Faulkender and Wang，2006)，那么可否通过检验机构投资者持股比例与公司现金价值之间的变化关系，来判断机构投资者是否起到降低信息不对称、缓解公司所面临的融资约束的作用？有鉴于此，本书以中国沪深两市A股上市公司作为研究样本，以证券投资基金作为机构投资者代表，尝试从公司现金价值的视角出发，探讨中国机构投资者对公司信息不对称及其融资约束的影响。

本书该部分实证研究的主要贡献体现在：①选取“现金价值”这一直观的研究视角，更加接近融资约束的本质，能够深入剖析机构投资者对公司信息不对称和融资约束的内在影响机理。②选取2004～2012年的季度数据作为研究样本，更大的样本空间使得研究结果更加稳健可靠，在检验政策效果的同时也得出与之前学者不完全相同的实证结论。③给出Faulkender和Wang(2006)的文中验证的关于现金价值与融资约束之间关系在中国市场的新证据。

4.1.1 公司融资与信息不对称

投资者对上市公司信息披露的要求，源自其与目标公司之间的信息不对称所产生的利益冲突。当公司信息透明度无法达到市场要求时，银行等金融机构的信贷配给会使得该公司申请贷款失败的可能性增加，同时，证券市场中的投资者也会对该公司的股票价格提出相应的信息风险溢价，增加公司的融资成本（Merton，1987；Bushee and Noe，2000；Leuz and Verrecchia，2000）。显然，公司为传递良好的社会形象，在进行公开外部融资之前，主动强化与外部投资者的信息沟通，披露那些包括经营计划、发展战略及公司核心价值在内的非财务信息将是一种理性选择（Myers and Majluf，1984）。所以，高水平的信息披露作为公司治理有效的重要标志，不但能够降低公司的外部融资成本，提升公司的投资业绩，还能降低股票的非理性波动，让股价更加准确地反映公司价值。

公司的信息披露可分为强制性信息披露与自愿性信息披露。强制性信息披露受制于一个国家的会计准则和相应的信息披露制度，公司需要根据条例规定的内容在财务报告中披露相关信息，而出于提升公众形象、降低融资成本、提高社会公信力等方面考虑，公司还会主动披露一些非财务信息，这些具有自发性、独立性的信息披露行为更能体现一个公司的信息透明度。

所以，国外大多学者都是围绕着公司治理对公司自愿性信息披露水平的影响展开研究。Chau 和 Gray（2002）探讨了公司股权特征对其自愿性信息披露的影响，研究表明，外部股东规模与公司的自愿性信息披露程度呈现出正相关关系，研究同时还得出，家族公司的信息披露水平普遍显著偏低。Eng 和 Mak（2003）分别考察了公司股权结构和董事会结构对自愿性信息披露的影响，结果表明，大股东持股与自愿性披露关联不大，而较少的管理层持股、较高的政府持股及外部董事的增加都会显著提高公司自愿性披露水平。另外作者还指出，较大的公司规模及较低的负债水平都与高水平的信息披露相关。Warfield 等（1995）发现，管理层或机构投资者持股比例的增加能够降低公司代理成本，减少了经理人员操纵财务数据的可能性。同时，当公司受到更多的外部监督时，公司信息披露水平对管理层持股的敏感性也会随之降低。Beasley（1996）认为，在境内和境外同时发行股票的公司，需要公布双份财务报告并执行双重审计制度，还要接受国外机构投资者的监督，因而往往比只发行境内股票的公司的信息透明度更高，其经理人实施财务舞弊的可能性更小。Darrough 和 Stoughton（1990）从产品竞争的角度探讨了上市公司披露信息的竞争劣势成本。作者认为，公司向市场自愿披露的信息同时也会被竞争对手获得，对手会据此采取对公司不利的经营决策，使其在产品市场竞争中处于不利地位，因此，竞争劣势成本的存在阻碍了上市公司的自愿信息的披露程度。

此外，还有学者从外部治理环境的角度分析了其对上市公司自愿性信息披露的影响，La Porta 等(1997，2000)指出，完善的投资者保护机制可以提高公司财务信息的透明度，相比普通法国家，大陆法国家的政府权利高于法律，极大地制约了法律保护投资者利益的功能,所以大陆法国家中的上市公司透明度普遍较低。同时，国家控股也会对公司的经营管理产生较强的行政干预，制约了公司治理效率，信息透明度也随之降低。Bushman 等(2004)也对公司透明度的国家间差异进行了研究，其结果同样证明了公司信息透明度与国家的法律体制有着密切关联，普通法国家的上市公司的自愿性信息披露程度更高。

由于与国外的市场环境或制度背景都存在一定差异，国内一些学者立足于本国实际，同样从诸多角度检验了公司各种特征与公司信息透明度之间的关系，并得到了丰富的实证结果。例如，从外部治理环境的研究视角(王志伟和孙铮，2005；夏立军和方轶强，2005)、从董事会特征的研究视角(王斌和梁欣欣，2008；胡奕明和唐松莲，2008)、从外部审计的研究视角(王咏梅和王鹏，2006；王雄元和管考磊，2006)、从境外发行股票的研究视角(王立彦和刘军霞，2003；王立彦，2008)及从股权结构的研究视角(吴卫星等，2004；冯旭南和陈工孟，2011)，等等。

完全对称的市场信息是资本市场高效运转的前提条件，但在现实中，投资人和公司之间普遍存在着信息不对称问题，这直接影响市场资源的优化配置效率。毋庸置疑，融资效率与信贷配给直接相关，对公司的投资和发展至关重要。国外学者大多从信息不对称的角度对公司的融资效率进行研究，认为信息不对称问题是导致银行等金融机构对不同借款主体实施信贷配给的主要原因，为了降低贷款风险，银行会对不同的借款人实行区别对待，那些信息透明程度较高的贷款申请人的需求更容易得到满足，而那些信息透明度较低的贷款申请人的需求则往往会被拒绝(Keeton，1979)。

Stiglitz 和 Weiss(1981)提出的信贷配给理论(creditrationing)，对信贷市场中的信息不对称与公司融资效率的关系给出了经典解释。他们指出，借款人无论在借款前还是借款后，都拥有自身的违约记录和贷款用途等个人信息，如果其不对银行百分之百地公开个人信息，那么信息不对称的存在将导致银行等金融机构存在贷款风险。在银行无法完全获取借款人的个人信息的前提下，通过提高贷款利率并不能有效地平衡贷款市场中的资金供需。因为高利率会在贷款前将低风险的借款人逐出市场，引发逆向选择问题，同时，还会在贷款后诱导借款人从事高风险的经营项目，进而引发道德风险问题，并最终提高银行放贷的平均风险。换言之，那些拥有优质借贷信用的借款人，不愿意接受高昂的借款利率，而那些愿意承担高借款利率的借款人的违约风险又较大，按期还款的可能性较低。因此，贷款利率的升高并不会使银行利润呈现出线性增长。所以，银行一般不会通过一味地提高利率让信贷资金的供求在均衡的利率水平上出清，而是在违约风险与贷款利率之间寻找一个平衡，在一个特定的借款利率水平上，通过一套信用审核机制拒绝一部分借款人的借款需求，即信贷配给制度。因此，不同公司间的融资效率的差异，本质上就是信息不对称所导致的银行信贷配给问题。

Myers 和 Majluf(1984)提出的优序融资理论(pecking order theory)放松了 MM 定理中有关“完全信息”的假设，该理论指出，外部投资人与公司内部之间存在信息不对称，使得公司的外部融资成本高于内部融资成本，并最终导致公司整体投资机会减少。此外，不同融资方式会对市场释放出不同信号，也会形成不同的融资成本，所以公司总是倾向于按照融资成本的大小，优先选择零成本的内部融资，即源于公司所持有的现金，其次才是外部融资，包括股权融资和债务融资。而对于债务融资与股权融资的相对成本大小，在不同学者的实证结果中尚存在一定差异(Myers and Majluf，1984)。另外，出于公司控制权等方面因素的考虑，一些中小企业也可能会放弃某些特定的外部融资方式，如股权融资和长期债务融资等(Howorth，2001)。

与优序融资理论类似，Berger 和 Udell(1998)提出的生命周期理论(life-cycle theory)也是在信息不对称的假设下研究公司融资选择行为的经典理论之一。该理论根据公司规模、年龄和其信息透明度之间的一般性规律，指出一家公司在不同的成长阶段会选择不同的融资渠道。具体而言，当公司处于创立初期，信息不透明程度较高，公司会更多地依赖自有资金，而只有在内部融资不能满足公司发展需求时才会选择外部融资。当公司获得一定发展之后，信息不对称程度有所降低，公司便可以获得来自银行的债务资金和来自风险投资的权益资金。最后，公司规模进一步扩大，便有机会进入公共的证券市场和债券市场进行融资。生命周期理论与优序融资理论的分析思路存在一定相似之处，但后者并没有考虑公司规模差异和不同的信用条件等影响因素。与生命周期理论的观点近似，Graham 和 Harvey(2001)等的研究表明，当公司规模较小时，由信息不对称所产生的融资成本会使得小公司对融资次序的选择更加敏感，而当公司规模较大时，其在融资渠道上的选择便不再表现出明显偏好。

我国学者关于信息不对称与公司融资决策之间的关系同样展开了丰富的研究。其中，李伟和成金华(2005)认为，由市场中信息不对称所导致的逆向选择和道德风险与我国中小企业的融资成本、融资结构及融资行为直接相关。银行等金融机构在贷款前应当深入考察企业的相关信息，降低融资市场的逆向选择行为，而中小企业在贷款后则应该提高融资管理水平，规避自身的道德风险。研究还指出，我国政府应当完善地区性的资本市场，通过发展中小金融机构等手段来拓宽中小企业的融资渠道。林毅夫和孙希芳(2005)研究指出，由于我国中小企业信息披露程度较低，且通常不能满足银行等金融中介所提出的担保或抵押要求，后者通常难以有效克服由于信息不对称所产生的逆向选择问题。该研究进一步证明相对于正规金融机构，民间存在的那些非正规金融机构在收集中小企业的“软信息”方面具有独特优势，从而在客观上起到改善资本市场资源配置效率的作用。于蔚等 (2012) 研究了政治关联在缓解民营企业的外部融资约束问题上所能发挥出的影响作用，研究表明，在信息效应和资源效应的双重作用下，政治关联的确能够降低民营企业与资金供给方之间的信息不对称，并有助于强化民营企业的资源获取能力。作者认为，解决当下中小企业融资难这一严峻问题的首要办法是排除政策性歧视，打造一个公平合理的市场秩序，在资源的获取和利用方面要平等对待大企业和小企业。同时，罗党论和甄丽明 (2008) 的研究也证实了政治关联所能发挥出的类似作用，作者指出，融资约束本质上属于信用困境，而政治关联能够缓解这种困境，增加企业的公信力。实证结果表明，相对于没有政治关联的民营企业，有政治关联的民营企业的融资约束程度更低。此外，在那些金融发展水平越低的地区，政治关联所能发挥出的缓解融资约束的作用越强。

4.1.2 机构投资者对信息不对称和融资约束的影响

概括来说，融资约束是由信息不对称所导致的外部融资成本高于内部融资成本的现象。公司如果面临融资约束，则会对内部融资的依赖性更强，表现为其内部现金价值更高 (Faulkender and Wang，2006)。融资约束降低了公司的投资效率，不利于公司价值的提升。而发展机构投资者的主要动机之一就是借助专业投资者强大的信息挖掘和分析能力来缓解公司与投资者之间的信息不对称。市场信息效率的提高既能稳定股价，降低市场非理性波动，也能缓解上市公司所面临的融资约束，提高公司价值。

机构投资者作为一种重要的公司外部治理与监督机制，学界对于其是否有助于提高公司信息披露质量进行了大量实证研究。Sias (1996) 认为，机构持股比例的增加会吸引更多分析师的关注，从而促使该公司的信息更加透明，在提高市场信息效率的同时也会让公司股价逐渐趋于稳定。El-Gazzar (1998) 发现机构投资者出于信托责任等原因，会积极寻找那些未被披露的信息，从而间接提高了公司自愿性信息披露程度。Schadewitz 和 Blevins (1998) 的研究却指出，机构投资者通过与所持有公司管理层的共谋能够对公司的自愿性信息披露水平起到负面影响。Brickley 等 (1988) 认为，以证券投资基金、社保基金为代表的价值投资型机构投资者，长期关注所投资公司的经营和治理，并寄希望于公司分红及公司价值的增值来获利，因此，它们更倾向于监督上市公司管理层的信息披露行为，促进公司信息披露质量的提升。相反，以券商、信托公司等为代表具有投机风格的机构投资者则大多通过股价的短期波动来获利，它们更倾向于和管理层共谋，通过隐藏信息或选择性发布信息来刺激股价出现大幅变动并从中获得额外收益。Bartov 等(2000)认为，机构投资者凭借自身的规模优势和较强的信息分析能力，能够对其所投资公司管理层的信息披露行为形成强有力的监督。Healy 和 Palepu(2001)的研究表明，机构投资者兼具信息优势和专业优势，能够有效地促进公司会计信息披露质量的提升并控制公司财务管理人员的盈余管理行为。Shleifer 和 Vishny(1986)的研究表明，机构投资者持股比例的提高可以降低信息获取、解析和监督的单位成本，所以那些被机构高比例持有的公司的信息透明度应该更高。Maug(1998)指出，机构投资者的持股比例在一定程度上决定了其发挥监督作用并影响公司信息披露质量的效果。Rajgopal 等(1999)研究得出，股票价格中的信息含量与机构投资者的持股比例之间存在一种正向关联，并且相对于中小投资者，机构投资者具有更多的信息优势，能够起到降低管理层盈余操纵的可能性。

与上述国外研究类似，国内学者针对我国机构投资者对公司信息披露质量的影响作用也展开了深入研究。程书强(2006)从公司盈余信息的视角出发，检验了机构投资者在公司治理中的作用。研究发现，机构持股提高了公司盈余信息的及时性，而且机构投资者的持股比例与所投资公司的盈余管理呈现负相关关系，说明机构投资者能够有效制约公司财务管理者的盈余操纵行为，从而提高公司盈余信息的可靠性。张纯和吕伟(2007)基于 Almeida 等(2004)提出的融资约束模型，检验了我国机构投资者对上市公司所面临的融资约束程度的影响。研究发现，民营公司的信息不对称及其所面临的融资约束水平会随着机构投资者参与程度的提升而降低，但国有公司的融资约束程度与机构投资者持股水平之间却不存在显著关联。王亚平等(2009)指出，股票市场的信息效率可以用股价的同步性加以衡量，如果股价的同步性较低，就说明上市公司的信息披露质量不高。其研究结果发现，机构投资者确实起到了提高我国市场中的信息效率的作用。梅洁和杜亚斌(2012)研究了证券投资者基金持股和普通法人持股对公司信息披露质量的影响效果，结论表明，证券投资基金持股能够显著提高公司的信息披露质量，但是一般法人却不具备这样的影响力。

4.2 研 究 设 计

4.2.1 研究思路与假设提出

如前所述，现金价值的高低直接体现了公司对内部融资的依赖程度，更接近融资约束问题的本质，这里不难推断，如果以证券投资基金为代表的机构投资者确实起到了降低信息不对称的作用，那么随着机构投资者的逐步参与，公司面临的融资约束程度应该得到缓解，并直接表现为公司现金价值显著下降。于是，提出本书的第一个研究假设。

假设 4-1：随着机构投资者持股比例的上升，公司现金价值将下降。

我国资本市场尚处于转型期，金融系统不够发达，信息不对称和融资约束问题比较普遍，根据已有的研究成果，不同的产权性质、公司治理结构、公司规模、股权结构及所在地区的市场化进程都会影响公司所面临的信息不对称和融资约束程度。如有关最终产权性质方面，Eng 和 Mak(2003)认为，国有公司在政府的支持下融资渠道更为通畅，且经营利润最大化并不是管理层的主要目标，故其违规披露信息的主观意愿较小，公司的信息披露程度较高。江伟和李斌(2006)研究发现，相对于私营公司，国有公司能获得更多的长期债务融资。有关股权集中度方面，Fan 和 Wong(2002)指出，东亚国家股权集中度与公司透明度显著负相关，控股股东为了自身的利益可能对外披露虚假财务报告，损害了其他中小股东利益。王咏梅(2003)使用赫芬达尔指数描述公司的股权集中情况，其实证结果发现，我国上市公司的自愿性信息披露水平与公司的股权分散程度存在正相关关系。Chau 和 Gray(2002)的研究结果同样支持这一结论，他们的实证结论表明，公司股权越分散，自愿性信息披露程度越高。此外，在有关公司的规模方面，张宗新等(2005)发现，公司规模越大或者经营业绩越好，其自愿性信息披露程度越高。另外，高雷和宋顺林(2007)、冯旭南和陈工孟(2011)、李慧云等(2013)的研究也表明，我国上市公司信息披露程度与公司规模呈正相关。结合上述这些研究成果，本书可以归纳出，相对于国有产权、股权分散、大规模的公司而言，民营产权、股权集中、小规模的公司面临的融资约束和信息不对称程度应该更高。

从理论上分析，既然信息不对称(融资约束)程度决定了公司对内部融资的依赖度，那么信息不对称(融资约束)程度较高的公司应该倾向于持有更多内部现金以满足投资需求，其现金价值也应该更高。接下来，本书分别从三个不同测度，按照信息不对称(融资约束)程度对样本公司进行分组，将国有、股权分散、大规模公司归类为信息不对称(融资约束)程度低的一组；将民营、股权集中、小规模公司归类为信息不对称(融资约束)程度高的一组，并提出假设 4-2。

假设 4-2：信息不对称(融资约束)程度高的公司比信息不对称(融资约束)程度低的公司具有更高的现金价值和更高的现金持有水平。

假设 4-2 也是 Faulkender 和 Wang(2006)的研究重点，这里本书结合我国的上市公司数据，对这一假设进行重新验证。在此基础上，本章继续分组考察机构投资者在参与不同融资约束的公司治理时是否发挥相同的作用，如果存在组间差异，还将进一步检验这种差异在不同测度的分组中是否保持一致性。

4.2.2 样本选择

本章选择2004～2012年沪深两市A股上市公司的季度数据作为研究样本。股票交易、公司财务、公司治理、股权结构等方面数据均来源于国泰安CSMAR数据库，证券基金持仓数据来源于和讯网。样本具体筛选依据以下原则进行：①剔除金融类公司；②剔除财务状况存在异常值的公司，对一些不方便剔除的数据在1%的水平上进行缩尾处理；③剔除ST、PT的公司；④剔除数据缺损的样本；⑤行业分类来源于证监会行业分类指引，除制造业取2位行业代码外，其余均取一位。最后得到有效样本数2564家上市公司，时间区间取为2004年第一季度至2012年第四季度，样本为非平行面板结构，样本公司最长时间跨度36个季度，全体样本共计53 800个观察值。

4.2.3 现金价值模型

本书拓展了Faulkender和Wang(2006)提出的现金价值模型，在其基础上引入反映机构持股特征的变量和其他控制变量，对我国机构投资者持股比例与公司现金价值之间的变化关系进行考察。变量名称及具体定义形式见表4-1。模型具体形式如式(4-1)所示①

$$
\begin{aligned}
r_{i,t}-R_{i,t}^{B}=&\beta_0+\beta_1\Delta C_{i,t}+\beta_2\text{Fund}_{i,t-1}\times\Delta C_{i,t}+\beta_3 C_{i,t-1}\times\Delta C_{i,t}+\beta_4 L_{i,t}\times\Delta C_{i,t}\\
&+\beta_5\text{Fund}_{i,t-1}+\beta_6 C_{i,t-1}+\beta_7 L_{i,t}+\beta_8\Delta I_{i,t}+\beta_9\Delta\text{invt}_{i,t}+\beta_{10}\Delta E_{i,t}\\
&+\beta_{11}\Delta\text{NA}_{i,t}+\sum\text{time\_dummy}+\sum\text{ind\_dummy}+\varepsilon_{i,t}
\end{aligned}
\tag{4-1}
$$

表4-1 变量名称与定义

序号	变量符号	含义	计算方法
1	$r_{i,t}-R_{i,t}^{B}$	超额回报率	t季度个股回报率与t季度市场基准回报率之差
2	$\Delta C_{i,t}$	现金增量	t季度现金持有量与t–1季度现金持有量之差，用t–1季度末非现金资产标准化
3	$\text{Fund}_{i,t-1}$	机构持股比例	t–1季度证券投资基金持股比例，为开放式基金持仓比例与封闭式基金持仓比例之和
4	$C_{i,t-1}$	现金持有量	t–1季度现金持有量，用t–1季度末非现金资产标准化
5	$L_{i,t}$	负债合计	t季度负债合计，用t季度末非现金资产标准化

① Faulkender和Wang（2006）的原模型中还包括股利支付和研发支出变量，由于我国上市公司的股利发放行为极其不规律且研发支出费用难以获取，所以模型中未加入这两项。

续表

序号	变量符号	含义	计算方法
6	$\Delta I_{i,t}$	利息支出增量	t 季度利息支出与 t–1 季度利息支出之差，用 t–1 季度末非现金资产标准化
7	$\Delta \text{invt}_{i,t}$	投资支出增量	t 季度投资支出与 t–1 季度投资支出之差，用 t–1 季度末非现金资产标准化
8	$\Delta E_{i,t}$	盈利增量	t 季度盈利与 t–1 季度盈利之差，用 t–1 季度末非现金资产标准化
9	$\Delta \text{NA}_{i,t}$	非现金资产增量	t 季度非现金资产与 t–1 季度非现金资产之差，用 t–1 季度末非现金资产标准化
10	$\ln\_\text{sale}_{i,t}$	营业收入	t 季度营业收入，取对数值

被解释变量 $r_{i,t}-R_{i,t}^B$ 代表公司的季度超额回报率，是实际季度回报率 $r_{i,t}$ 与基准季度回报率 $R_{i,t}^B$ 的差额。其中，$r_{i,t}$ 是公司股票季度收益率，本书在每个季度上按照公司流通市值(5 组)和账面市值比(5 组)划分出 5×5 个投资组合，进而用每组的季度收益率的平均值作为该组的基准回报率 $R_{i,t}^B$，这里主要是参考了 Fama 和 French(1998)提出的三因素模型，控制了不同组股票的规模效应和账面市值比效应。考虑到简单计算的季度收益率并不能全面、准确地反映股票的市场表现，为了减少噪声的干扰，这里使用日收益率的季度平均值来衡量该股票的季度收益率水平。

现实中，机构投资者只有先持有股票，才能行使股东权利并参与到公司治理之中，进而影响公司的现金价值。因此，为体现机构持股变动与现金价值变动之间的先后顺序和因果关系，本书在模型中使用滞后一期的基金持股比例 $\text{Fund}_{i,t-1}$ 参与回归。

模型中大部分解释变量都采取了差分形式 ΔX，代表 X 变量的“未预期”变动(unexpected changes)。从本质上来说，本书中所使用的模型属于一种长期事件研究方法，变量 X 的“未预期”变动 ΔX 即可看成一个事件，继而考察事件 ΔX 与超额回报率 $r_{i,t}-R_{i,t}^B$ 之间的关系。其中，现金持有量 $C_{i,t}$ 的“未预期”变动 $\Delta C_{i,t}$ 为本模型主要事件，出于稳健性考虑，本书采取两种方法计算现金持有量 $C_{i,t}$ 的“未预期”变动。方法一，假设 $C_{i,t}$ 的“可预期”变动部分为 0，那么 $C_{i,t}$ 的差分形式 $\Delta C_{i,t}$ 则完全代表“未预期”变动部分；方法二，本书按照之前计算超额回报率时在每个季度上划分出的 5×5 组合，计算出每个组内 $\Delta C_{i,t}$ 的平均值 $\overline{\Delta C_{i,t}}$，用 $\overline{\Delta C_{i,t}}$ 代表 $C_{i,t}$ 的“可预期”变动部分，那么 $\Delta C_{i,t}-\overline{\Delta C_{i,t}}$ 就代表 $C_{i,t}$ 的“未预期”变动部分，记为$\Delta^* C_{i,t}$。在后面的实证检验中，将分别把$\Delta C_{i,t}$和$\Delta^* C_{i,t}$带入回归方程，检验结论的稳健性。

在 Faulkender 和 Wang(2006) 的原文中，作者引入了$C_{i,t-1} \times \Delta C_{i,t}$和$L_{i,t} \times \Delta C_{i,t}$这两个交乘项，旨在考察公司现金持有量$C_{i,t-1}$和负债率水平$L_{i,t}$对公司现金价值的边际影响，回归结果显示，$C_{i,t-1} \times \Delta C_{i,t}$和$L_{i,t} \times \Delta C_{i,t}$前的系数均显著为负($\beta_3, \beta_4 < 0$)，这表明公司现金价值随着现金持有量的增加和负债水平的提高而边际递减。本书延续同样的研究思路，为检验机构投资者对公司现金价值的影响，本书在模型中加入机构持股比例$\text{Fund}_{i,t-1}$及机构持股比例与现金变动的交乘项$\text{Fund}_{i,t-1} \times \Delta C_{i,t}$。$\text{Fund}_{i,t-1} \times \Delta C_{i,t}$前的系数$\beta_2$是本书考察的重点，如果$\beta_2$显著为负($\beta_2 < 0$)，则表明随着机构投资者持股比例的增加，公司的现金价值边际递减，从而证明机构投资者的参与确实降低公司对其内部融资的依赖，起到缓解公司所面临的信息不对称和融资约束的作用。

其他控制变量的定义方式与大多数已有文献一致，NA 代表非现金资产，为总资产减去现金和现金等价物。I代表利息支出，用财务费用代替。E代表息税前盈利，为利润总额加上财务费用。invt 代表投资支出，为购建固定资产、无形资产和其他长期资产支付的现金。L代表负债，用公司债务总额衡量。time_dummy 和 ind_dummy 分别是时间和行业虚拟变量，ε为残差项。

显而易见，在本模型中，除了引入基金持股比例$\text{Fund}_{i,t-1}$、现金持有量$C_{i,t-1}$、负债水平$L_{i,t}$这几个关键研究变量外，在其他控制变量的选择上，使用盈利增量$\Delta E_{i,t}$来控制公司盈利能力对超额回报率的影响；使用利息支出增量$\Delta I_{i,t}$来控制公司融资政策对超额回报率的影响；使用投资支出变动$\Delta \text{invt}_{i,t}$和非现金资产变动$\Delta \text{NA}_{i,t}$来控制公司投资对超额回报率的影响，最后还使用了 time_dummy 和 ind_dummy 这两个哑变量控制时间因素和行业因素对超额回报率的影响。

需要特别说明的是，基于 Faulkender 和 Wang(2006) 对模型结构的设计，在使用公司总市值对解释变量进行标准化后，$\Delta C_{i,t}$前面的系数β_1在数值上可定义为公司现金的市场价值，本书参考罗琦和秦国楼(2009)的做法，使用公司的非现金资产对解释变量进行标准化，这使得本书模型中的β_1虽然能够反映出现金市场价值的相对大小，但数值上并不严格等于其市场价值。概括来说，这么做是出于三点考虑：其一，与国外证券市场不同，我国证券市场股权结构比较复杂，相当多的公司还存在为数不少的非流通股，而非流通股的市场价值又难以准确估计，如果强行加入会带来较多噪声；其二，同样都是用股票的超额回报率$r_{i,t} - R^B_{i,t}$作为被解释变量，在 Faulkender 和 Wang(2006) 的模型中，$r_{i,t} - R^B_{i,t}$可以代表公司总市值的变化，但在本书的模型中，$r_{i,t} - R^B_{i,t}$只能代表公司流通股部分的市值变化，所以用公司总市值来标准化同样无法得到精确的现金市场价值；

其三，计算现金的市场价值 β_1 并不是本书的主要目标，本书旨在检验机构投资者对现金价值的影响，即重点关注参数 β_2 的相对大小或变化情况，并不需要计算出一个绝对数值。

除进行全样本的整体检验，本章还将根据融资约束程度对全体样本公司进行分组，进一步检验机构投资者在不同分组中所能发挥出的影响力是否相同。结合已有研究成果，在接下来的分组研究中，本章分别从产权性质、股权集中度和公司规模等三个测度对公司的信息不对称(融资约束)程度进行分组，具体做法如下。

1) 根据产权性质分组。按照公司的终极控制人性质，把国有控股的公司归类为信息不对称(融资约束)程度较低的一组；把私人控股的公司归类为信息不对称(融资约束)程度较高的一组。

2) 根据股权集中度分组。按照公司前五大股东持股比例总和在每个季度上对全体样本公司进行排序，从小到大分为三组，将第一组定义为股权分散组，其信息不对称(融资约束)程度较低；将第三组定义为股权集中组，其信息不对称(融资约束)程度较高。

3) 根据公司规模分组。按照公司的总资产规模在每个季度上对全体样本公司进行排序，从小到大分为三组，将第三组定义为大规模组，其信息不对称(融资约束)程度较低；将第一组定义为小规模组，其信息不对称(融资约束)程度较高。

4.3 实证检验

4.3.1 变量描述性统计

表 4-2 列出了主要变量的描述性统计结果。其中，$\text{Fund}_{i,t-1}$ 为机构持股比例，该变量的平均值为 1.9857%，中位数为 0，显著右偏，这表明基金持股存在显著的扎堆现象，大多数基金选股策略较为类似，这与常识及多数已有文献的研究结果是一致的。

表 4-2 各变量描述性统计(N=53 800)

变量	平均值	中位数	标准差	最小值	最大值
$r_{i,t}-R_{i,t}^{B}$	−0.000 2	−0.000 4	0.002 9	−0.006 8	0.015 6
$\Delta C_{i,t}$	0.000 5	−0.001 4	0.088	−0.283	0.407 4
$C_{i,t-1}$	0.317 4	0.171 6	0.440 3	0.010 1	2.819 5
$\Delta E_{i,t}$	0.002 3	0.012 5	0.057 2	−0.225 1	0.161 3

续表

变量	平均值	中位数	标准差	最小值	最大值
$\Delta NA_{i,t}$	0.046 7	0.030 9	0.102 9	−0.201 9	0.526 7
$\Delta I_{i,t}$	−0.000 1	0.001 7	0.008 1	−0.028 9	0.016 7
$\Delta invt_{i,t}$	0.003 9	0.007 2	0.055 9	−0.212 1	0.166 0
$L_{i,t}$	0.564 1	0.568 8	0.229 5	0.087 1	1.218 7
$Fund_{i,t-1}$	1.985 7	0	5.485 8	0	70.4800
$\ln\_sale_{i,t}$	20.455 2	20.389 9	1.526 9	16.758 2	24.592 9

注：机构持股比例是以百分数的形式表示，表中%符号未显示

表 4-3 给出了主要变量的 Pearson 相关性检验结果，可以发现，各变量之间的相关系数均比较低，没有出现大于 0.6 的情况，从而可以有效避免回归模型中由于变量间的高度线性相关而产生的估计偏误。

表 4-3　主要变量相关系数

变量	$\Delta C_{i,t}$	$C_{i,t-1}$	$\Delta E_{i,t}$	$\Delta NA_{i,t}$	$\Delta I_{i,t}$	$\Delta invt_{i,t}$	$L_{i,t}$	$Fund_{i,t-1}$
$\Delta C_{i,t}$	1							
$C_{i,t-1}$	−0.214***	1						
$\Delta E_{i,t}$	0.096***	0.027***	1					
$\Delta NA_{i,t}$	−0.200***	0.263***	0.064***	1				
$\Delta I_{i,t}$	0.024***	−0.207***	0.196***	−0.059***	1			
$\Delta invt_{i,t}$	−0.019***	0.082***	0.547***	0.132***	0.313***	1		
$L_{i,t}$	0.194***	−0.232***	0.005	−0.026***	0.093***	−0.024***	1	
$Fund_{i,t-1}$	0.027***	0.077***	0.042***	0.099***	−0.008*	0.017***	0.010**	1

注:表中为 Pearson 相关系数

***、**、*分别代表 1%、5%和 10%的置信水平

4.3.2　机构投资者对现金价值的影响

表 4-4 列出了全样本的回归结果，为尽可能克服由于遗漏变量而产生的内生

性问题，并出于稳健性考虑，本章除使用 OLS 进行模型回归外(模型(1)和模型(3))，还使用 Panel_FE 模型进行补充与对比(模型(2)和模型(4))。在四组回归模型中，均加入行业和季度虚拟变量以控制行业效应和时间效应的影响(模型(2)与模型(4)均为 Panel_FE 模型，行业效应作为个体效应已经过“平减”处理，不再需要额外控制)。

表 4-4　全样本回归结果

变量	$\Delta C_{i,t}$		$\Delta^* C_{i,t}$	
	(1)	(2)	(3)	(4)
	OLS	Panel_FE	OLS	Panel_FE
cons	−0.000 15	−0.000 01	−0.000 23*	−0.000 08
	(−1.30)	(−0.09)	(−1.90)	(−0.73)
$\Delta C_{i,t}$	0.005 63***	0.005 15***		
	(9.69)	(8.72)		
$\Delta^* C_{i,t}$			0.005 68***	0.005 30***
			(9.52)	(8.75)
$\Delta E_{i,t}$	0.004 47***	0.004 11***	0.004 52***	0.004 11***
	(12.23)	(11.13)	(12.41)	(11.17)
$\Delta \mathrm{NA}_{i,t}$	0.001 62***	0.001 26***	0.001 58***	0.001 23***
	(10.31)	(7.78)	(10.05)	(7.58)
$\Delta I_{i,t}$	−0.008 76***	−0.008 05***	−0.009 14***	−0.008 41***
	(−3.95)	(−3.52)	(−4.12)	(−3.69)
$\Delta \mathrm{invt}_{i,t}$	0.001 43***	0.001 44***	0.001 36***	0.001 40***
	(4.03)	(4.04)	(3.84)	(3.92)
$\mathrm{Fund}_{i,t-1}$	−0.000 02***	−0.000 05***	−0.000 02***	−0.000 06***
	(−10.26)	(−15.37)	(−10.30)	(−15.68)
$C_{i,t-1}$	−0.000 14***	−0.000 37***	−0.000 17***	−0.000 40***
	(−3.96)	(−4.66)	(−5.07)	(−5.18)
$L_{i,t}$	0.000 64***	0.000 43***	0.000 69***	0.000 47***
	(11.30)	(3.43)	(12.20)	(3.76)
$C_{i,t-1} \times \Delta C_{i,t}$	−0.000 86***	−0.000 85***		
	(−2.87)	(−2.67)		
$C_{i,t-1} \times \Delta^* C_{i,t}$			−0.001 00***	−0.001 14***
			(−3.16)	(−3.36)
$L_{i,t} \times \Delta C_{i,t}$	−0.003 05***	−0.002 76***		
	(−3.84)	(−3.41)		

续表

变量	$\Delta C_{i,t}$		$\Delta^* C_{i,t}$	
	(1) OLS	(2) Panel_FE	(3) OLS	(4) Panel_FE
$L_{i,t} \times \Delta^* C_{i,t}$			−0.003 33*** (−4.10)	−0.002 90*** (−3.51)
$\text{Fund}_{i,t-1} \times \Delta C_{i,t}$	−0.000 16*** (−5.52)	−0.000 16*** (−5.33)		
$\text{Fund}_{i,t-1} \times \Delta^* C_{i,t}$			−0.000 16*** (−5.23)	−0.000 17*** (−5.38)
时间效应	控制	控制	控制	控制
行业效应	控制	—	控制	—
N	53 800	53 800	53 800	53 800
F	22.313 86***	23.219 25***	21.963 19***	23.209 85***
r2_adjust	0.030 11		0.029 31	
组间 R^2		0.027 67		0.027 50

注：括号内为 t 值

*，**，***分别表示 10%，5%及 1%的显著性水平

可以看出，在分别使用了两种现金持有量的“未预期”变动的衡量方法（$\Delta C_{i,t}$，$\Delta^* C_{i,t}$）作解释变量，以及两种估计方法(OLS，Panel_FE)的回归中，交乘项 $\text{Fund}_{i,t-1} \times \Delta C_{i,t}$（$\Delta^* C_{i,t}$）前的系数均为负，分别为–0.000 16(模型(1))、–0.000 16(模型(2))、–0.000 16(模型(3))和–0.000 17(模型(4))，且根据 t 统计量的检验结果，这四个系数均在 1%的置信水平上显著，从而表明随着机构投资者持股比例的增加，公司现金持有的边际市场价值显著下降。表中的回归结果支持了本章的假设 4-1，机构投资者的介入能够降低公司面临的信息不对称水平，从而降低公司获取外部融资的成本，有效缓解公司对内部现金的过度依赖。

通过观察交乘项 $C_{i,t-1} \times \Delta C_{i,t}$（$\Delta^* C_{i,t}$）前的系数可以发现，四个模型下的回归结果均为负，分别为–0.000 86(模型(1))、–0.000 85(模型(2))、–0.001 00(模型(3))和–0.001 14(模型(4))，且根据 t 统计量的检验结果，这四个系数均在 1%的置信水平上显著，从而表明随着公司现金持有量的增加，公司现金持有的边际市场价值显著下降。

此外，基于交乘项 $L_{i,t} \times \Delta C_{i,t}$（$\Delta^* C_{i,t}$）前的系数还可以看出，四个模型下的回归结果也均为负，分别为–0.003 05(模型(1))、–0.002 76(模型(2))、–0.003 33(模型(3))和–0.002 90(模型(4))，且根据 t 统计量的检验结果，这四个系数均在 1%的置信水平上显

著，从而表明随着公司负债水平的提升，公司现金持有的边际市场价值显著下降。

值得注意的是，$C_{i,t-1} \times \Delta C_{i,t}$（$\Delta^{*}C_{i,t}$）和 $L_{i,t} \times \Delta C_{i,t}$（$\Delta^{*}C_{i,t}$）前的系数均显著为负的检验结论与 Faulkender 和 Wang (2006) 的实证结果是高度统一的，说明基于中国的资本市场数据，同样得出"现金价值会随着现金持有量和负债水平的增加而下降"的结论。

实际上，本书模型中大部分变量都采用差分形式，这在很大程度上克服了序列相关并弱化了个体效应，并且 OLS 中还加入行业虚拟变量，进一步控制了个体效应，这使得 OLS 与 Panel_FE 的估计结果已无太大区别，同时，本书也对 Panel_FE 估计中的个体效应 u_i 是否联合显著进行 F 检验，结果显示个体效应 u_i 可以被忽略①。

另外，在有关 Panel_FE 模型与 Panel_RE 模型的筛选中，本书同样进行了严格的 Hausman 检验，具体结果见表 4-5 和表 4-6。可见，基于表 4-5 中的 Hausman 的检验结果，Chi2(46)等于 430.29，相伴 P 值为 0.0000，说明应当选择 Panel_FE 模型进行估计。同理，基于表 4-6 中的 Hausman 的检验结果，Chi2(46)等于 421.73，相伴 P 值为 0.0000，同样说明应当选择 Panel_FE 模型进行估计。

表 4-5 Panel_FE 模型与 Panel_RE 模型的 Hausman 检验结果（$\Delta C_{i,t}$）

变量	(b) 固定效应	(B) 随机效应	(b–B) 两者差值	S.E.
$\Delta C_{i,t}$	0.005 152	0.005 631	–0.000 479	0.000 114
$\Delta E_{i,t}$	0.004 108	0.004 472	–0.000 364	0.000 066
$\Delta \mathrm{NA}_{i,t}$	0.001 258	0.001 625	–0.000 366	0.000 043
$\Delta I_{i,t}$	–0.008 051	–0.008 759	0.000 708	0.000 450
$\Delta \mathrm{invt}_{i,t}$	0.001 438	0.001 426	0.000 012	0.000 060
$C_{i,t-1}$	–0.000 368	–0.000 135	–0.000 233	0.000 058
$L_{i,t}$	0.000 430	0.000 642	–0.000 213	0.000 107
$\mathrm{Fund}_{i,t-1}$	–0.000 055	–0.000 025	–0.000 030	0.000 002
$C_{i,t-1} \times \Delta C_{i,t}$	–0.000 849	–0.000 857	0.000 007	0.000 076

① Ftestthatallui=0：F(2563，51190) =0.92，Prob>F = 0.9986。

续表

变量	(b) 固定效应	(B) 随机效应	(b–B) 两者差值	S.E.
$L_{i,t} \times \Delta C_{i,t}$	−0.002 758	−0.003 048	0.000 290	0.000 151
$\text{Fund}_{i,t-1} \times \Delta C_{i,t}$	−0.000 163	−0.000 164	0.000 002	0.000 007
Chi2(46) = 430.29				P= 0.000 0

注：限于篇幅，季度虚拟变量 time_dummy 前的系数(及差异对比)在表中均未列示

表 4-6　Panel_FE 模型与 Panel_RE 模型的 Hausman 检验结果($\Delta^{*}C_{i,t}$)

变量	(b) 固定效应	(B) 随机效应	$(b–B)$ 两者差值	S.E.
$\Delta C_{i,t}$	0.005 299	0.005 678	−0.000 379	0.000 117
$\Delta E_{i,t}$	0.004 113	0.004 525	−0.000 411	0.000 066
$\Delta \text{NA}_{i,t}$	0.001 229	0.001 585	−0.000 356	0.000 044
$\Delta I_{i,t}$	−0.008 411	−0.009 145	0.000 734	0.000 445
$\Delta \text{invt}_{i,t}$	0.001 396	0.001 357	0.000 039	0.000 059
$C_{i,t-1}$	−0.000 403	−0.000 165	−0.000 237	0.000 058
$L_{i,t}$	0.000 470	0.000 689	−0.000 219	0.000 107
$\text{Fund}_{i,t-1}$	−0.000 055	−0.000 025	−0.000 031	0.000 002
$C_{i,t-1} \times \Delta^{*}C_{i,t}$	−0.001 137	−0.001 001	−0.000 137	0.000 081
$L_{i,t} \times \Delta^{*}C_{i,t}$	−0.002 902	−0.003 333	0.000 432	0.000 153
$\text{Fund}_{i,t-1} \times \Delta^{*}C_{i,t}$	−0.000 171	−0.000 162	−0.000 009	0.000 007
Chi2(46) = 421.73				P= 0.0000

注：限于篇幅，季度虚拟变量 time_dummy 前的系数(及差异对比)在表中均未列示

综上，在 Panel_FE 模型与 Panel_RE 模型的选择中，应该选择 Panel_FE 模型，但由于本书模型形式的特殊性，样本的个体效应已经被极大地弱化，以致于 Panel_FE 模型的回归结果与 OLS 无显著差异。所以，出于稳健性考虑，在表 4-4 的全样本回归中，依然列示出 Panel_FE 模型下的估计结果，但在下面的分组回归中，将只采用 OLS 回归方法。

4.3.3 机构投资者影响现金价值的分组检验

4.3.2 节给出了全样本的回归结果，为厘清现金价值与融资约束及机构投资者与融资约束之间的关系，接下来将进行分组检验。结合前面的设定，本书根据信息不对称(融资约束)严重程度的三个不同测度，即产权性质、股权集中度和市值规模对原样本进行分组，具体地，本书将国有产权分组定义为低信息不对称(融资约束)组，并用符号 U(unconstraint) 指代；将民营产权分组定义为高信息不对称(融资约束)组，并用符号 C(constraint) 指代；将股权集中度较为分散的分组定义为低信息不对称(融资约束)组，并用符号 U(unconstraint) 指代；将股权集中度较为集中的分组定义为高信息不对称(融资约束)组，并用符号 C(constraint) 指代；将市值规模较大的分组定义为低信息不对称(融资约束)组，并用符号 U(unconstraint) 指代；将市值规模较小的分组定义为高信息不对称(融资约束)组，并用符号 C(constraint) 指代。

4.3.3.1 分组 t 检验

在进行分组回归之前，首先对各变量在各分组下的均值和中位数进行描述，并针对几个关键变量($C_{i,t-1}$、$\text{Fund}_{i,t-1}$、$L_{i,t}$ 和 $\ln\_\text{sale}_{i,t}$)进行组间差异的 t 检验(t test)，以此得出一个相对直观的初步结论。表 4-7 列示了不同分组情况下各组样本的基本统计结果(均值、中位数)和组间差异的 t 检验结果，其中，关于 $C_{i,t-1}$ 变量的组间 t 检验旨在考察低信息不对称(融资约束)组与高信息不对称(融资约束)组的现金持有水平是否存在明显差异，该检验能够反映出面临不同融资约束程度的公司对内部现金的依赖程度；关于 $\text{Fund}_{i,t-1}$ 变量的组间 t 检验旨在考察低信息不对称(融资约束)组与高信息不对称(融资约束)组的机构投资者占比是否存在明显差异，该检验能够反映出机构投资者对不同公司类型的具体偏好；关于 $L_{i,t}$ 变量的组间 t 检验旨在考察低信息不对称(融资约束)组与高信息不对称(融资约束)组的负债水平是否存在明显差异，从理论上分析，公司的信息透明度将直接影响其外部融资能力，且这一能力可以通过公司的负债率直接表现出来，所以可以预期的是，低信息不对称(融资约束)组的负债水平更高。关于 $\ln\_\text{sale}_{i,t}$ 变量的组间 t 检验旨在考察低信息不对称(融资约束)组与高信息不对称(融资约束)组的公司营业收入是否存在明显差异。

表 4-7 不同分组情况下基本统计量对比

变量	最终产权		股权集中度		市值规模	
	国有(U)	民营(C)	分散(U)	集中(C)	大规模(U)	小规模(C)
$\Delta C_{i,t}$	0.005 00	−0.007 00	0.002 90	−0.003 00	0.008 90	−0.009 90
	[0.000 8]	[−0.006 9]	[−0.000 4]	[−0.003 5]	[0.002 10]	[−0.007 00]

续表

变量	最终产权		股权集中度		市值规模	
	国有(U)	民营(C)	分散(U)	集中(C)	大规模(U)	小规模(C)
$C_{i,t-1}$ (t test)	0.225 [0.149]	0.474 [0.239]	0.231 [0.152]	0.424 [0.200]	0.209 [0.142]	0.449 [0.219]
	t= –64.454 4	Sig=0.000	t=–39.934 4	Sig=0.000	t=–50.825 0	Sig=0.000
$\Delta E_{i,t}$	0.002 00 [0.011 2]	0.002 80 [0.015 8]	0.000 900 [0.009 70]	0.00 360 [0.016 5]	0.003 00 [0.012 9]	0.001 10 [0.012 4]
$\Delta NA_{i,t}$	0.037 9 [0.025 3]	0.062 0 [0.044 0]	0.031 9 [0.020 9]	0.061 7 [0.041 8]	0.051 2 [0.034 7]	0.045 1 [0.029 5]
$\Delta I_{i,t}$	0.000 300 [0.001 90]	–0.000 600 [0.001 10]	0.000 200 [0.002 20]	–0.000 500 [0.001 00]	0.000 600 [0.002 2]	–0.000 700 [0.000 9]
$\Delta invt_{i,t}$	0.002 10 [0.006 50]	0.007 00 [0.009 10]	0.002 10 [0.004 90]	0.006 30 [0.010 4]	0.003 10 [0.008 2]	0.005 30 [0.006 8]
$Fund_{i,t-1}$ (t test)	2.143 [0]	1.900 [0]	1.424 [0]	2.642 [0]	3.639 [0]	0.843 [0]
	t= 4.842 8	Sig=0.000	t= –20.492 3	Sig=0.000	t=45.748 6	Sig=0.000
$L_{i,t}$ (t test)	0.598 [0.604]	0.506 [0.503]	0.586 [0.597]	0.536 [0.527]	0.670 [0.679]	0.458 [0.452]
	t= 44.998 8	Sig=0.000	t=20.230 3	Sig=0.000	t=95.548 4	Sig=0.000
$ln\_sale_{i,t}$	20.75 [20.66]	19.94 [19.94]	20.26 [20.29]	20.67 [20.54]	21.76 [21.71]	19.25 [19.32]
(t test)	t= 60.558 6	Sig=0.000	t= –24.970 0	Sig=0.000	t= 199.850	Sig= 0.000

注：中括号中为各变量的中位数。$Fund_{i,t-1}$ 以百分数的形式表示，表中%符号未显示

表 4-7 中，变量 $C_{i,t-1}$ 的均值在有关最终产权的分组中，“国有(U)”组为 0.225，“民营(C)”组为 0.474；在有关股权集中度的分组中，“分散(U)”组为 0.231，“集中(C)”组为 0.424；在有关市值规模的分组中，“大规模(U)”组为 0.209，“小规模(C)”组为 0.449。显而易见，现金持有水平 $C_{i,t-1}$ 在三个分组情况下，均表现出一致性特征，即信息不对称(融资约束)程度高的公司(C 组)比信息不对称(融资约束)程度低的公司(U 组)持有更多现金。

结合变量 $C_{i,t-1}$ 均值的组间 t 检验结果，可以看出，在有关最终产权的分组中，t 值等于–64.4544，相伴概率为 0.000；在有关股权集中度的分组中，t 值

等于-39.9344，相伴概率为 0.000；在有关市值规模的分组中，t 值等于-50.8250，相伴概率为 0.000。三个 t 检验结果均显著拒绝了“现金持有水平的组间均值无差异”的原假设。显而易见，这个结果很好地支持了本章假设 4-2 中的一个推断，即那些信息不对称(融资约束)程度较高的公司对内部现金表现出了更强烈的依赖程度，同时，这一发现与 Faulkender 和 Wang(2006)的研究结论也是高度吻合的。

机构投资者持股比例 $\text{Fund}_{i,t-1}$ 的均值在有关最终产权的分组中，“国有(U)”组为 2.143%，“民营(C)”组为 1.900%；在有关股权集中度的分组中，“分散(U)”组为 1.424%，“集中(C)”组为 2.642%；在有关市值规模的分组中，“大规模(U)”组为 3.639%，“小规模(C)”组为 0.843%。结合变量 $\text{Fund}_{i,t-1}$ 均值的组间 t 检验结果，可以看出，在有关最终产权的分组中，t 值等于 4.8428，相伴概率为 0.000；在有关股权集中度的分组中，t 值等于-20.4923，相伴概率为 0.000；在有关市值规模的分组中，t 值等于 45.7486，相伴概率为 0.000。三个 t 检验结果均显著拒绝了“机构持股比例的组间均值无差异”的原假设。

这个结论说明，机构投资者偏好那些国有产权、股权集中度高和大市值的股票。值得注意的是，国有产权和大规模公司属于“信息不对称”程度低的一组(U 组)，而股权集中度高则属于“信息不对称”程度高的一组(C 组)，所以与 $C_{i,t-1}$ 变量的组间规律不同，$\text{Fund}_{i,t-1}$ 在三个分组情况下，并未表现出一致性特征，这从另一个侧面也印证了机构投资者凭借自身较强的信息挖掘和分析能力，其选股过程并未过多受到公司自身信息披露程度的影响，在某些情况下，机构投资者也许会积极寻找那些未被披露的信息，从而提前购买股票，并在信息逐渐反映到股价的过程中，获取超额回报，这与 El-Gazzar 等(1998)的研究结论是一致的。

负债水平 $L_{i,t}$ 的均值在有关最终产权的分组中，“国有(U)”组为 0.598，“民营(C)”组为 0.506；在有关股权集中度的分组中，“分散(U)”组为 0.586，“集中(C)”组为 0.536；在有关市值规模的分组中，“大规模(U)”组为 0.670，“小规模(C)”组为 0.458。显而易见，与现金持有水平 $C_{i,t-1}$ 类似，负债水平 $L_{i,t}$ 在三个分组情况下，均表现出一致性特征，即信息不对称(融资约束)程度低的公司(C 组)比信息不对称(融资约束)程度高的公司(U 组)具有更高的负债率水平。

结合变量 $L_{i,t}$ 均值的组间 t 检验结果，可以看出，在有关最终产权的分组中，t 值等于 44.9988，相伴概率为 0.000；在有关股权集中度的分组中，t 值等于 20.2303，相伴概率为 0.000；在有关市值规模的分组中，t 值等于 95.5484，相伴概率为 0.000。三个 t 检验结果均显著拒绝了“负债率的组间均值无差异”的原假设。实际上，这一统计结果与 Faulkender 和 Wang(2006)的结论也是高度吻合的，说明信息不对称(融资约束)程度的确是影响公司财务政策的重要因素，那些信息不对称(融资约束)程度较低的公司倾向于提高公司的负债水平。

另外，表 4-7 中还列示了不同分组下公司营业收入 $ln\_sale_{i,t}$ (取对数值)的统计特征。在有关最终产权的分组中，“国有(U)”组为 20.75，“民营(C)”组为 19.94；在有关股权集中度的分组中，“分散(U)”组为 20.26，“集中(C)”组为 20.67；在有关市值规模的分组中，“大规模(U)”组为 21.76，“小规模(C)”组为 19.25。结合变量 $ln\_sale_{i,t}$ 均值的组间 t 检验结果，可以看出，在有关最终产权的分组中，t 值等于 60.5586，相伴概率为 0.000；在有关股权集中度的分组中，t 值等于–24.9700，相伴概率为 0.000；在有关市值规模的分组中，t 值等于 199.850，相伴概率为 0.000。三个 t 检验结果均显著拒绝了“公司营业收入的组间均值无差异”的原假设。

显而易见，信息不对称(融资约束)程度较低的“国有产权”和“大规模”公司组的营业收入较高，而信息不对称(融资约束)程度较高的“股权集中”公司组的营业收入较高，$ln\_sale_{i,t}$ 在三个分组下，并未表现出一致性特征，说明公司的营业收入与其所面临的融资约束程度可能并无必然联系。值得注意的是，$ln\_sale_{i,t}$ 的分布特征与机构持股比例 $Fund_{i,t-1}$ 的分布特征是一致的，恰恰说明机构投资者偏好盈利能力较强的公司，这与机构投资者秉承价值投资的观点是相符的。

4.3.3.2　分组回归

基于上述分组 t 检验结果，已经初步得到了一个较为稳健，且与 Faulkender 和 Wang(2006)的观点相同的实证结论，即融资约束程度较高的公司倾向于持有更多的现金并保持相对较低的负债率。之前，基于式(4-1)中模型的全样本回归已经得出，公司现金价值会随着公司现金持有量和负债率的提高而降低，且机构投资者的确发挥出了缓解公司信息不对称(融资约束)的作用。接下来，本章将进一步基于式(4-1)中的模型，针对以上各子样本组下的数据进行分组回归，以检验现金价值在不同融资约束公司间是否存在系统性差异，并探索机构投资者对不同融资约束公司所能发挥的“缓解”作用是否相同，具体分组回归结果见表 4-8。

表 4-8　三个不同测度下分组回归的结果

变量	最终产权		股权集中度		市值规模	
	国有(U)	民营(C)	分散(U)	集中(C)	大规模(U)	小规模(C)
cons	–0.000 23	–0.000 15	–0.000 21	–0.000 21	–0.000 31	0.000 13
	(–1.59)	(–0.70)	(–1.10)	(–0.83)	(–1.54)	(0.61)
$\Delta C_{i,t}$ (β_1)	0.004 05***	0.006 57***	0.003 39***	0.008 82***	0.003 14***	0.007 43***
	(5.00)	(8.08)	(3.80)	(9.32)	(2.90)	(7.89)

续表

变量	最终产权		股权集中度		市值规模	
	国有(U)	民营(C)	分散(U)	集中(C)	大规模(U)	小规模(C)
P(U–C)≠0	0.02		0.00		0.00	
$\Delta E_{i,t}$	0.004 68***	0.004 30***	0.005 63***	0.003 22***	0.006 37***	0.002 73***
	(9.78)	(7.71)	(9.21)	(4.89)	(9.39)	(4.71)
$\Delta \mathrm{NA}_{i,t}$	0.000 85***	0.002 45***	0.001 10***	0.001 96***	0.000 87***	0.002 45***
	(4.12)	(10.24)	(4.18)	(7.02)	(3.42)	(8.27)
$\Delta I_{i,t}$	−0.006 58**	−0.010 10***	−0.005 99	−0.009 13**	−0.007 04*	−0.007 80**
	(−2.04)	(−3.26)	(−1.35)	(−2.42)	(−1.66)	(−2.23)
$\Delta \mathrm{invt}_{i,t}$	0.001 42***	0.001 47***	0.000 55	0.000 92	0.000 90	0.002 80***
	(2.93)	(2.81)	(0.82)	(1.57)	(1.48)	(4.67)
$\mathrm{Fund}_{i,t-1}$	−0.000 03***	−0.000 02***	−0.000 03***	−0.000 02***	−0.000 03***	−0.000 02***
	(−9.90)	(−4.13)	(−5.25)	(−6.95)	(−8.82)	(−3.16)
$C_{i,t-1}$	−0.000 15**	−0.000 19***	−0.000 05	−0.000 22***	−0.000 21**	−0.000 22***
	(−2.31)	(−4.50)	(−0.60)	(−4.30)	(−2.18)	(−4.78)
$L_{i,t}$	0.000 84***	0.000 48***	0.000 74***	0.000 62***	0.000 83***	0.000 19*
	(11.46)	(4.93)	(7.02)	(6.20)	(8.25)	(1.65)
$C_{i,t-1}\times\Delta C_{i,t}$（$\beta_3$）	−0.001 13	−0.000 90**	−0.000 44	−0.002 16***	−0.000 67	−0.001 18***
	(−1.58)	(−2.58)	(−0.59)	(−5.31)	(−0.67)	(−3.26)
$L_{i,t}\times\Delta C_{i,t}$（$\beta_4$）	−0.002 07*	−0.003 17***	−0.003 10**	−0.003 79***	−0.001 36	−0.001 62
	(−1.92)	(−2.59)	(−2.49)	(−2.92)	(−1.00)	(−1.02)
$\mathrm{Fund}_{i,t-1}\times\Delta C_{i,t}$	−0.000 08**	−0.000 23***	−0.000 09	−0.000 29***	−0.000 09***	−0.000 36***
（β_2）	(−2.02)	(−4.31)	(−1.62)	(−6.21)	(−2.71)	(−4.76)
P(U–C)≠0	0.01		0.00		0.00	
时间效应	控制	控制	控制	控制	控制	控制
行业效应	控制	控制	控制	控制	控制	控制
N	31 645	22 155	17 270	17 283	17 934	17 921
F	13.361***	12.956***	9.337***	11.908***	9.271***	11.834***
r2_adjust	0.026 04	0.044 96	0.036 31	0.053 00	0.028 86	0.050 48

注：括号内为 t 值

*，**，***分别表示 10%，5%及 1%的显著性水平

表 4-8 呈现全部三个分组下的回归结果。$\Delta C_{i,t}$ 变量前的回归系数 β_1 在有关最终产权的分组中，“国有(U)”组为 0.004 05，“民营(C)”组为 0.006 57；在有

关股权集中度的分组中，“分散(U)”组为 0.003 39，“集中(C)”组为 0.008 82；在有关市值规模的分组中，“大规模(U)”组为 0.003 14，“小规模(C)”组为 0.007 43。同时，基于β_1系数的组间差异检验可得，三个分组下的组间差异至少在 5%的置信水平下显著，从而充分证明 C 组的β_1均显著大于 U 组的β_1，这就印证了假设 4-2 中的推断，即信息不对称(融资约束)程度高的公司的现金价值要显著高于信息不对称(融资约束)程度低的公司。

$\text{Fund}_{i,t-1} \times \Delta C_{i,t}$前系数$\beta_2$的组间差异是本部分的研究重点，在有关最终产权的分组中，“国有(U)”组为–0.000 08，“民营(C)”组为–0.000 23；在有关股权集中度的分组中，“分散(U)”组为–0.000 09，“集中(C)”组为–0.000 29；在有关市值规模的分组中，“大规模(U)”组为–0.000 09，“小规模(C)”组为–0.000 36。从β_2的绝对值上来看，在全部六个回归方程中，C 组的β_2均大于 U 组的β_2，且均至少在 0.01 的水平上存在显著差异，这表明，公司面临的信息不对称(融资约束)程度越高，机构投资者所起到的缓解信息不对称和融资约束的作用越大。特别地，在按最终产权的分组中，$\text{Fund}_{i,t-1} \times \Delta C_{i,t}$前的系数$\beta_2$至少在 0.05 的水平上显著，表明机构投资者在“国有”组和“民营”组中均起到了缓解公司信息不对称和融资约束的作用，这一结论与张纯和吕伟(2007)的研究结果并不完全一致，在他们的研究中，机构投资者没有起到降低国有企业信息不对称(融资约束)的作用。本书认为，除了研究模型的区别，导致结果存在差异更可能的原因在于本书采用了更大的研究样本①。

此外，针对$C_{i,t-1} \times \Delta C_{i,t}$的系数$\beta_3$和$L_{i,t} \times \Delta C_{i,t}$的系数$\beta_4$，可以发现 C 组的$\beta_3$和$\beta_4$基本都显著为负，U 组$\beta_3$和$\beta_4$大多不显著(或显著性较低)，同时，C 组$\beta_3$和$\beta_4$的绝对值几乎全部大于 U 组$\beta_3$和$\beta_4$的绝对值。综合这些研究发现，可以得出，信息不对称(融资约束)程度越高的公司，其现金的价值对现金持有量和负债水平的敏感性越高。实际上，这一实证结果与 Faulkender 和 Wang(2006)的研究结论也是高度一致的。

4.4 稳健性分析

本书的主要目标在于检验机构投资者是否发挥出缓解公司信息不对称(融资约束)的作用，而主要研究视角则是通过观察公司现金价值的变化来判断公司融资约束程度的变化。基于模型的特定形式，表征现金变化的变量$\Delta C_{i,t}$是本书的关键变量，如果该变量存在较大的衡量偏误，将直接导致模型回归的结果出现较大估计偏差。因此，本章采用了两种衡量现金“未预期”变动的度量指标$\Delta C_{i,t}$和$\Delta^* C_{i,t}$，其

① 张纯和吕伟（2007）使用的是 2004～2006 年的年度数据，而本书使用的是 2004～2012 年的季度数据。

中，$\Delta C_{i,t}$ 是一般差分形式（$\Delta C_{i,t}=C_{i,t}-C_{i,t-1}$），其隐含的假设前提为现金的“可预期”变动部分为0。而 $\Delta^{*}C_{i,t}$ 则是 $\Delta C_{i,t}$ “去均值”后的表达形式（$\Delta^{*}C_{i,t}=\Delta C_{i,t}-\overline{\Delta C_{i,t}}$），其隐含的假设前提为现金的“可预期”变动部分为 $\overline{\Delta C_{i,t}}$。

此外，本章同时采用了 OLS 和 Panel_FE 两种回归方法对实证结果的稳健性进行了验证。显然，基于前文表中的实证结果可知，在同时使用了两种测度方法（$\Delta C_{i,t}$ 和 $\Delta^{*}C_{i,t}$）及两种模型估计方法（OLS，Panel_FE），并在控制了时间效应和行业效应的前提下，四组模型的最终估计结果均是高度相同的。四个回归方程中 $\text{Fund}_{i,t-1}\times\Delta C_{i,t}$（$\Delta^{*}C_{i,t}$）前的系数均为负，且都在 1%的水平上显著，从而稳健地支持了本章的假设 4-1。与此同时，$C_{i,t-1}\times\Delta C_{i,t}$（$\Delta^{*}C_{i,t}$）和 $L_{i,t}\times\Delta C_{i,t}$（$\Delta^{*}C_{i,t}$）前的系数均显著为负，且都在 1%的水平上显著，说明本书基于中国的市场数据，同样得出了与 Faulkender 和 Wang (2006) 相同的结论。

进一步地，本章根据已有研究成果，分别从终极产权、股权集中度和市值规模三个测度上对公司所面临的信息不对称 (融资约束) 程度进行了分组。根据分组后各主要变量的描述性统计可知，三个 U 组 (信息不对称和融资约束程度较低) 与三个 C 组 (信息不对称和融资约束程度较高) 之间的现金持有量 $C_{i,t-1}$ 及负债率水平 $L_{i,t}$ 均在 1%的水平上存在显著差异，从而稳健地支持了本书中的假设 4-2。

根据分组后的回归结果可知，三个 U 组 (信息不对称和融资约束程度较低) 的 β_1 均显著小于三个 C 组 (信息不对称和融资约束程度较高) 的 β_1，说明融资约束程度越高现金价值就越高，从而稳健地支持了本书的假设 4-2。另外，$\text{Fund}_{i,t-1}\times\Delta C_{i,t}$ 前的系数 β_2 在三个 U 组 (信息不对称和融资约束程度较低) 与三个 C 组 (信息不对称和融资约束程度较高) 之间同样呈现出了一致性的差异，从而稳健地支持了“公司面临的信息不对称 (融资约束) 程度越高，机构投资者所能起到的缓解作用越大”这一结论。

最后，本章还将全样本回归中所使用的 $\Delta^{*}C_{i,t}$ 和 Panel_FE 分别应用到分组后的模型回归中，结果表明，除个别回归系数值略有改变外，其统计性质、符号均保持不变，由于篇幅限制，这里不再一一列出。由此便证实了本章的实证结论是稳健可靠的。

4.5 小　　结

投资人与公司之间的信息不对称，会导致公司外部融资成本过高，使公司面临融资约束。公司为了以更低的融资成本满足投资需求，倾向于提高内部现金的持有水平，但对内部融资的过度依赖，又会降低资金的使用效率，不利于股东价值最大化。本章采用 2004～2012 年中国 A 股上市公司的季度数据作为研究样本，基于现金价值模型，通过引入机构投资者变量，系统检验了机构投资者对公司信息不对称(融资约束)的影响。主要研究结论如下。

第一，随着机构投资者持股比例的上升，公司现金价值显著下降。这表明，机构投资者对公司信息的披露发挥了监督和促进的作用，随着机构投资者的逐步参与，其持股公司的信息披露质量提升。这在客观上缓解了公司与投资人之间的信息不对称程度，优化了公司外部融资环境，继而降低了公司对内部现金的依赖程度，使得公司的现金表现出“折价”效应。

第二，机构投资者对信息不对称(融资约束)程度越高的公司发挥的作用越大。具体表现为在分组检验中，相比于国有企业，其对民营企业发挥着更加积极的作用；相比于股权分散的公司，机构投资者对股权集中的公司发挥着更加积极的作用；相比于大规模公司，机构投资者对小规模公司发挥着更加积极的作用。

第三，结合中国上市公司数据，本章也得出了与 Faulkender 和 Wang(2006) 相同的研究结论：其一，融资约束程度较高的公司会维持较高的现金持有量和较低的负债率水平；其二，公司现金价值会随着现金持有量和负债率水平的提高而边际递减。

5 机构投资者对公司高管变更的影响

5.1 理论分析与研究假说

机构投资者作为一支重要的公司外部治理力量，不但可以通过行使积极的股东权利，监督管理层的经营行为，以达到改善公司经营绩效的目的，还可以采取“用脚投票”的消极管理策略，直接卖出股票，以表达自身对公司治理状况和未来业绩的不满及负面预期。不可否认的是，以董事长和总经理为代表的公司高管人员，是公司经营决策的直接制定者，对公司的经营绩效负有主要责任。所以，公司高管的变更，尤其是强制变更(被迫离任)作为一项重大治理措施，无疑会对公司未来的经营状况产生深远影响，因此也备受实务界和理论界的关注。事实上，一方面，公司高管人员的任用或解聘主要由董事会裁定，另一方面，机构投资者更加擅长资本运营而非公司的日常经营，所以，机构投资者主要还是通过干预和规范董事会等权力部门的组织架构来实现监督目的(Drucker，1991；Carleton et al.，1998)。那么，我国的机构投资者是否能够有效影响公司高管人员的强制变更呢？公司高管一旦发生强制变更又会对机构投资者的持股行为及公司股票的市场表现产生何种后续影响呢？

的确，以往针对公司高管变更事件的研究通常都会朝着事件起因和事件后果两个方向推进。其中，当研究事件起因时，多是从公司的内部因素和外部因素两方面入手。例如，在内部因素方面，学者一般会将公司业绩(Walsh，1988；Fee and Hadlock，2004)、公司治理特征(Goyal and Park，2002；Weisbach，1988)、高管特征(Chang and Shin，2006)、控制权转移(Martin and McConell，1991；Denis D J and Denis D K，1995；石水平，2010)等因素列为高管变更事件的主要解释变量。而在外部因素方面，学者一般会将法律制度(Dahya et al.，2002)、投资者保护(Lel and Miller，2008)、媒体监督(Wiersema and Zhang，2011)及政治关联(游家兴等，2010；周林洁和邱汛，2013)等因素列为高管变更事件的主要解释变量。近年来，伴随着我国机构投资者规模的跨越式发展，证券市场中的投资者结构不仅发生了深刻变化，上市公司普遍存在的内部人控制问题也因机构持股比例的提高而有所改观，公司治理环节逐渐由之前不受外部监督的“高管层导向”朝着受到流通股大股东监督的投资人导向转变。由此，机构投资者的公司治理作用逐渐开始被我国学者关注，但至今尚未见有文献将机构投资者因素纳入公司高管变更事件的研究范畴。回顾已有文献，我国学者关于机构投资者治理效应的研究主要停留在理论分析层面(张小蒂和李风华，2001；汪忠等，2005；钱露，2011)，而在实证研究层面，几乎都是采用“黑箱”分析模式，即通过检验机构投资者变量与公司绩效(王雪荣和董威，2009；石美娟和童卫华，2009)、会计盈余(程书强，2006；薄仙慧和吴联生，2009)、融资行为(姚颐和刘志远，2009)和现金股利(韩勇等，2013)等财务变量之间的变动关系来反向推断机构投资者是否发挥出改善公司治理的作用，虽然也得出了许多有益结论，但均未能直接触及问题的本源，没有清晰还原机构投资者影响公司治理的路径和方式。显然，如果能够从“机构投资者影响高管变更”这样一个命题切入，直接考察机构投资者参与公司治理的方式和效果，无疑能够在很大程度上揭示“黑箱”内部的运作机理，并成为该研究领域的有益补充。

以往学者在研究高管变更的事件后果时，通常会选择“高管变更影响公司业绩”这样一个比较符合经济诉求的探索方向(Chang and Wong，2009；游家兴等，2010)，且大多得出了较为相近的结论。而有关“高管变更影响公司股价”的探讨并不常见，其中更是缺乏“高管变更影响股价波动”的类似研究。近十年来，随着我国股权分置改革的深入进行及证券市场相关法律、法规的不断推出与完善，股票价格与公司价值之间的运行关系日益紧密，而股票价格在衡量了公司价值的同时，还能快速反映广大投资者对公司未来业绩的预期，所以很自然的一个研究思路便是通过检验高管变更事件发生后的短期股价(波动、收益)变化来了解投资者预期的变化。显然，此类研究不但有助于上市公司决策层准确、及时地捕捉市场心态，也有助于监管部门和广大投资者对不同类型的高管变更事件进行有效的风险预判和风险管理。但值得注意的是，不同类型的投资者可能会对同一高管变更事件作出不同的解读，而股价变化作为“不同声音”的集中表达，其方向和强弱程度与投资者结构密切相关。一般股票市场中的投资者会被二分为机构投资者和中小个体投资者，其中，机构投资者具有专业性强、理性程度高、资金规模大和交易方向统一等特点，而中小个体投资者的专业性较差、资金分散、交易方向大多比较随机，因此也常常被称作噪声交易者。所以，在考察高管变更对股价波动的影响时，需要兼顾考虑两类投资者的行为差异和规模差异。

遵循事件研究的规范逻辑，当本书检验某一特定事件的经济后果时，需要排除其他因素的干扰和其中可能存在的内生性问题。以检验“高管变更对公司业绩的影响”为例，一个合理的思路便是首先寻找到那些与“高管变更”公司(处理组)当期业绩相同的“高管未变更”公司(控制组)，继而通过对比两组样本的后期业绩得出高管变更事件对公司业绩的独立影响。例如，Chang 和 Wong(2009)不但考虑了业绩因素，还尽量将两组样本控制在相同的公司规模水平上，以进一步剥离公司规模对公司业绩的影响。本书认为，Chang 和 Wong(2009)的研究思路是值得借鉴的，但仅仅考虑两个控制变量仍是远远不够的。因为基于一些已有研究可知，除公司业绩和公司规模之外，其他诸如高管年龄、两职合一情况及高管任职年限等因素也都对高管变更事件具有较强的解释力，而倘若这些因素同样能够显著影响公司业绩，那么样本中所存在的选择性偏差①(selection bias)和混杂偏差②(confounding bias)就会导致研究模型中出现严重的内生性问题。因此在本书中，当检验"高管变更对公司股价波动的影响"及"高管变更对机构投资者交易行为的影响"时，就需要尽可能多地控制住那些对高管变更事件具有显著影响的因素，从而得出更加客观公正的实证结论。

基于上述分析，本章以我国证券投资基金作为机构投资者代表，系统性地检验机构投资者、公司高管强制变更和公司股价波动三者间的相互影响关系。本章的主要贡献在于：第一，首次将机构投资者因素纳入高管变更问题的研究范畴，不仅丰富了这一领域的研究成果，更为今后其他学者针对"机构投资者治理效应"的进一步探索提供了具体的、可视化的研究路径和证据支持。第二，为了检验高管变更事件的经济后果，本书创新性地引入PSM(propensity score matching)方法，有效规避了以往基于 OLS 模型难以克服的由样本选择性偏差和混杂偏差所导致的内生性问题，并得出了更加客观且具有说服力的经验证据。第三，尝试从投资者行为的角度解析高管变更事件对公司股价波动的影响机理，弥补了以往相关研究仅停留在"现象捕捉"层面的不足，不仅能够发现"是什么"，还进一步做到回答了"为什么"。

5.1.1 公司治理与高管变更

高管变更，尤其是强制性变更，作为公司治理中的一项重要战略措施，被认为是改善管理水平、降低代理成本、提高公司价值的最直接有效的手段。所以，高管变更问题一直都是公司治理领域的经典课题和核心议题，其中，高管变更事件的影响因素和经济后果更是理论界和实务界关注的焦点问题。

国外针对高管变更问题的理论探讨和经验研究始于20世纪70年代，经过40余年的积累和发展，已经形成了较为系统、成熟的理论体系。在高管变更事件的影响因素方面，大多数研究都认为，除去正常的任期届满等情况，公司价值(业绩或股价)的恶化是公司高管发生被迫离任的主要导火索。D. J. Denis 和 D. K. Denis (1995)分别研究了公司业绩与高管正常变更和强制变更之间的关系，研究得出，

① 选择性偏差，指根据样本个体的某些特点，有选择性地给予处理措施，这将导致对处理效应的估计产生偏差（Maddala，1983）。

② 混杂偏差，指两组样本不仅在接受处理方面存在差异，而且在其他方面存在个体差异，这使得本书无法通过直接比较两组样本产出变量的差异来估计处理措施的独立效果。

公司业绩与高管正常变更之间没有显著关系，而与高管强制变更之间存在显著的负向关系，并且发生高管强制变更的公司业绩会在随后第二年表现出明显改善。Brunello 等(2003)针对意大利 1988～1996 年的私人公司样本进行了分析，研究得出，公司经理人的强制变更与公司绩效之间存在反向关系，但这种关系仅限于公司控股股东或主要利益代理人不担任经理人的情况下。Suchard 等(2001)指出，虽然公司业绩与经理人强制性变更之间存在着显著负相关关系，但这种影响作用的时效性在不同国家之间却存在着差别。研究认为，由于美国和英国等国家公司的信息透明度较高，管理模式也较为相近，所以公司的不良绩效与经理人强制变更事件之间更多地表现为同期相关，而在澳大利亚，经理人强制变更事件相对于公司业绩变化却表现出了一定的滞后性。Fee 和 Hadlock(2004)研究发现，公司业绩恶化不但会提高 CEO 的离职风险，整个高管团队的稳定性也会随之变差，除了 CEO 之外其他管理者的变更风险也随之加大。

基于众多理论研究和实证检验，公司业绩与高管被迫离任之间的负相关关系逐渐成为一个无需重复证明的共识。20 世纪 90 年代后期，越来越多的学者开始将高管变更问题的研究视角投向于公司业绩之外的其他影响因素上。Martin 和 McConnel(1991)发现，公司发生并购行为后，高管团队的原班人马往往被大幅调整，尤其是公司业绩不佳时，高管团队的变动程度会更彻底。Dahya 等(2002)从法律法规推行的角度研究董事会的监督效率，研究得出，伴随着相关法规的颁布与实施，董事会的监督效率逐渐提高，公司高管人员的变更概率也在随之增加。Wiersema 和 Zhang(2011)指出，新闻媒体提高了信息披露的效率，能够起到外部监督的作用，尤其是在公司业绩不佳的情况下，诸如曝光会计丑闻等新闻事件便会提高公司高管变更的可能性。Agrawal 和 Cooper(2007)指出，由于财务重述意味着对之前财务问题的纠正，属于较为负面的公司行为，所以，如高级财务人员、总经理和董事会成员等高管人员往往也会因为财务重述而被迫离职。Goyal 和 Park(2002)检验了公司高管变更事件与两职合一现象之间的关系，实证结果指出，董事长和总经理为同一人会弱化高管变更对公司业绩的敏感性。作者解释，这是由于两职合一提高了总经理的权利，董事会监督效力下降，从而无法有效迫使失职高官离任。Hazarika 等(2012)研究发现，过度的盈余管理行为会导致 CEO 被迫离任的概率增加，股东倾向于惩罚操纵盈余的管理人员，并且这种惩罚效应在业绩良好和业绩较差的公司中均存在。

受限于信息披露程度低等方面原因，学者针对我国公司高管变更问题的研究起步较晚，主要内容也大多延续了国外早期文献的思路。不过近年来，也开始有一些学者基于我国实际市场环境，从我国上市公司所特有的产权特点或治理特征出发，探讨除公司业绩之外能够诱发高管变更的因素，并得出了丰富成果。例如，石水平(2010)从大股东利益侵占的视角，研究了上市公司控制权转移后的高管人员变更现象，研究发现，公司控制权转移后的高管变更比例和董事会成员变化程度都与大股东利益侵占呈现出了显著的正相关关系。瞿旭等(2012)研究了“创始人保护”对高管变更的影响，实证结果表明，会计操作违规会致使高管变更的概率提高，但在“创始人保护”作用的影响下，当会计发生违规时也会出现创始人CEO的变更风险低于非创始人CEO的现象。许年行等(2013)考察了投资者保护的执法有效性是否会受政治关联因素的影响，实证结果发现，若公司因违规而受到处罚，在处罚公布时期的前后，高管的被迫离职率会因存在政治关联而显著降低，说明政治关联会削弱投资者法律保护的执法效率。陈冬华等(2011)研究发现，上期员工工资越高，本期高管人员被迫离任的可能性就越低。作者指出，如果是出于公司政治的目的，高管和员工之间的这种“互惠”行为，实际上是损害了公司股东的利益。游家兴等(2010)以1998～2008年我国388家被特别处理的公司为研究样本，研究了政治关联因素对高管变更的影响，研究发现高管的政治关联越密切，其因公司业绩恶化而被迫离任的风险就越低，这一研究结果说明政治资源弱化了高管变更对公司业绩的敏感性。周林洁和邱汛(2013)的研究进一步指出，非国有公司的总经理若存在政治关联，其变更便与业绩不相关，而若无政治关联，其变更才会与公司业绩相关。但国有公司中的总经理无论是否有政治关联，其变更都与公司业绩呈现负相关关系。

无可非议，公司业绩低劣是发生高管被迫离任的主要原因，而更换高管的最直接目的自然是改善公司的未来业绩。公司业绩能够间接反映公司价值水平，而对于上市公司来说，公司价值的另一个直接衡量指标即股票市值(又称股东财富)。所以，国内外学者在研究高管变更事件的经济后果时，主要也是围绕着公司业绩的变化及股票市值的变化这两条主线展开。在公司业绩方面，Khorana(2001)研究发现，业绩表现不佳的高管被强制更换后，公司未来业绩能够得到显著提升，而业绩表现良好的高管被更换后，公司业绩在未来将出现一定程度的下滑，这就说明公司业绩与高管个人能力之间存在很大关系。Shen 和 Lin(2009)研究了终极产权对公司治理效率的影响，实证结果表明，国有产权背景会弱化高管变更对公司业绩的敏感度，也只有当私营公司的高管发生变更后，公司未来业绩才会出现显著改善。Strong 和 Meyer(1987)实证表明，在公司发生高管变更之后会出现更多的资产核销和净利润下降，继任管理者倾向于通过此类“利润冲洗”过程把业绩低劣的责任推卸给前任高管，把功劳归功于自己。Weisbach(1995)同样得出了与Strong 和 Meyer(1987)类似的结论，作者发现，继任高管往往倾向于中断前任高管所进行的利润偏低的并购活动，并将不良的公司业绩推卸到前任。Parker 和Skitmore(2005)研究发现，高层管理人员的变更常常会打乱原有团队的组织架构，并对原有团队的竞争优势和预期业绩带来负面影响。在我国，游家兴等(2010)研究发现，总经理和董事长同时变更的公司后期业绩要明显好于两职都留任的公司，并且在总经理和董事长同时留任的情况下，公司后期业绩表现会因为高管政治关联度越紧密而越差，由此说明了政府干预降低了公司的治理效率的提高。而奚俊芳和于培友(2006)及朱红军(2002)的研究却得出了较为类似的负面结论，他们的实证结果都显示，高管变更没有显著提高公司业绩，业绩的提高主要源于盈余管理，也就说明了控制权转移并不能很好地缓解代理冲突。在股东财富方面，Bonnier和Bruner(1989)研究了业绩低劣公司的高管变更事件对公司股票表现的影响，实证结果表明，公司股价在宣布高管变更之后明显获得了一个超额正收益，除此之外，同样得出高管变更与股票正累计超额报酬相关的类似研究的还有Furtado和Rozeff(1987)等。与之不同的是，也有研究并没有发现显著的因果关系，如Reinganum(1985)认为，高管变更事件诱发的股价反应还与公司规模、继任高管来源及原任高管的处置结果相关，无法一概而论。Warner等(1988)指出，公司股票收益对高管变更事件的平均反应很微弱，基本达不到可以预测的效果。除了股票收益，还有学者检验了股价波动与高管变更事件之间的关系，如Clayton等(2000)发现在总体上，多种类型的高管变更事件都会加剧股价波动，但相对于正常变更而言，强制变更能够引发更剧烈的股价波动。研究还得出，在同为强制变更的情形下，继任高管来自公司外部所引发的股价波动要比来自公司内部更加剧烈。

5.1.2 机构投资者对高管变更的影响

诚然，机构投资者作为上市公司流通股的大股东，其根本利益与公司经营绩效紧密相关。所以在理论上，为了获得更高的投资回报，机构投资者应该有动力参与公司治理，如监督和干预董事会等权利机构，推选出那些更有能力的高管人员来负责公司的日常经营。回顾已有相关文献，针对机构投资者治理效应的研究大多都是围绕治理决策(是否参与治理)、治理效果(是否影响公司价值)展开，而针对治理途径(是否影响高管变更)的探讨则并不多见。

有一些文献研究了股东持股水平对高管变更的影响，如Denis和Serrano(1996)探讨了外部股东的治理效应，研究表明，当业绩较差的公司存在较大比例的外部股东持股时，公司高管被迫变更的可能性较大。相反，如果外部股东空缺，那么业绩差高管的职位固守则相对容易，作者由此认为，外部股东持股有助于公司价值和治理效率的提高。Kato和Long(2006)的实证结论表明，股权集中能够增加CEO变更对公司业绩的敏感性。当公司的控股股东所持有股份越大时，CEO因为业绩恶化而被更换的可能性越大。这说明，控股股东的监督积极性会随着持股比例的提高而提高，当公司业绩表现不佳时，持股比例高的控股股东会倾向于及时更换不合格的CEO。但若公司股权较为分散，小股东间便容易出现“搭便车”现象，多数情况下，只能通过“用脚投票”的方式来表达不满情绪。

Parrino 等(2003)较早从机构投资者与高管变更之间关系的视角研究机构投资者治理效应，研究发现，机构投资者卖出股票先于公司 CEO 的变更，说明机构投资者不满意公司的经营决策时，会选择“用脚投票”的策略卖出股票，并由此对管理层形成一种无形的监督压力，迫使有能力的继任高管取代现任高管。Aggarwal 等(2011)基于全球市场数据，考察了跨国机构投资者的公司治理效应，结果发现，国际机构投资者持股水平与公司治理水平正相关，并且前者的变化先于后者。作者还发现，机构投资者持股水平越高，业绩差的 CEO 被迫离任的概率越大，说明国际机构投资者积极参与了公司治理，并提高了所投资公司的治理效率。Helwege 等(2012)研究了 1982～1994 年及 1995～2006 年两个时间段上，机构投资者从“用脚投票”到积极参与公司治理的角色转换过程和对应的治理效果，研究发现，“用脚投票”与高管变更无关，相反，机构投资者的股东积极主义的确发挥了显著的作用。作者认为，随着机构投资者规模的继续扩张，“用脚投票”的策略在很大程度上会被抑制，而积极参与公司治理会逐渐成为主流。Kang 等(2013)考察了机构投资者所持股票的个数与其监督效应之间的关系，研究发现，机构投资者持股个数与高管变更对公司业绩的敏感性呈正相关，而这种相关性在机构投资者专注于持有同一行业的多家公司股票的情形下更为显著。研究说明，机构投资者的监督效应与其对某一行业的熟悉程度和过往的经验积累直接相关。

5.2 研究设计

5.2.1 研究思路与假设提出

依据 Coffee(1998)的论断：“有效公司治理的一个重要表现即是能够及时对那些经营业绩差的管理人员做出惩罚”，显然，是否具备“及时”性是一家公司治理效率的体现。在学术界有关机构投资者影响公司治理的众多理论中，主要存在两种相互对立的假说，即“积极作用论”假说和“消极作用论”假说。其中，“积极作用论”认为，当监督收益大于监督成本时，机构投资者作为有实力的大股东会积极参与到公司治理中去，通过提升公司的长期经营绩效来获取超额投资回报(Agrawa and Mandelker，1990；Woidtke，2002；史永东和王谨乐，2014)。因此，共同持有同一家公司股票的机构投资者家数越多，所能形成的外部监督力量就越大。例如，Guercio 和 Hawkins(1999)就曾经发现，被五家最大养老金所共同持有的目标企业的 CEO 离职率为 10%(年度)，而其他未被养老金所关注的类似企业的 CEO 离职率只有 7.5%(年度)。所以，从这个角度来说，机构投资者的参与显然能够提高公司的治理效率，并加大不称职高管被迫离任的概率。Aggarwal

等(2011)研究了跨国机构投资者的公司治理效应，结果发现，机构投资者持股水平越高，业绩差高管强制变更的概率越大，说明跨国机构投资者积极参与了公司治理，并提高了所投资公司的治理效率。

而“消极作用论”则认为，受到赎回压力和薪酬等因素的影响，以开放式基金为代表的机构投资者更加注重短期投资回报，很少真正干预公司治理，当其对目标公司的经营状况持负面预期时，会选择直接卖出股票(Graves，1988)。然而，机构投资者的集中“撤离”，作为一个强有力的负面信号，能够向公司决策层传达来自市场的悲观预期与不满情绪，从而迫使其立刻采取相应的修正措施。例如，Parrino 等(2003)从 CEO 变更的视角研究机构投资者的治理效应，结果发现机构投资者卖出股票先于公司 CEO 变更，说明当其不满意公司的经营决策时，会选择“用脚投票”的消极策略，并由此对管理层形成一种无形的监督压力。所以，从这个角度分析，机构投资者的“撤离”在客观上同样能够起到积极的治理效果，加速不称职高管的离任。基于上述分析，这里提出以下两个对立的研究假设：

假设 5-1a：持有同一家公司股票的机构投资者越多，公司高管因公司绩效下降而被迫离任的可能性越大。

假设 5-1b：持有同一家公司股票的机构投资者越少，公司高管因公司绩效下降而被迫离任的可能性越大。

良好的公司治理机制不但应该能够及时解聘那些能力差的管理者，还应该能够进一步选择出可以帮助公司摆脱困境的继任管理者(Denis D J and Denis D K，1995)。依据“经理人能力假说”(Fee and Hadlock，2004)，继任管理者的经营管理能力应该超越前任管理者，公司的未来业绩将预期得到改善。所以，从这个角度推断，秉承了价值投资的机构投资者应该会在公司发生高管强制变更后“重新归来”。然而，依据“经理人替罪羊假说”(Khanna and Poulsen，1995)，公司高管在组织中大多仅扮演了一个标志性角色，其并不是公司业绩低劣的真正原因。所以，当公司业绩不佳时，其往往会被用来充当“替罪羊”，公司的未来业绩也并不会因为新任高管的到来而发生显著改善。此外，新任高管还可能会因为盲目打乱组织内部原有的行为模式和制度关系，使公司经营陷入新一轮的困境。因此，若从这个角度推断，机构投资者在高管变更之后并不会立刻“回心转意”，机构家数在短期内非但不会显著回升，甚至还会继续减少。基于上述分析，本章提出以下两个对立假设。

假设 5-2a：机构投资者家数在公司发生高管强制变更之后会显著增加。

假设 5-2b：机构投资者家数在公司发生高管强制变更之后不会显著增加，甚至还有可能显著减少(或不变)。

学术界关于“高管变更影响股价走势”的文献并不太多，且仅有的几篇文献均未能对其中的影响机理做出深入剖析，仅停留在了“现象捕捉”的层面。而关于“机构投资者影响股价走势”的探讨则比较多，成果丰富，观点也不尽相同。但总体上，在以下两方面基本达成了共识：第一，机构投资者大多遵循了价值投资的原则，股票持有期较长，交易频率较低，因而能够在一定程度上起到稳定股价的作用(Falkenstein，1996；Badrinath et al.，1989)。第二，机构投资者的资金规模较大，交易方向统一，若其因注重短期业绩而同时买入或卖出相同的股票(羊群行为)，将会破坏市场的流动性，在显著推高或打压股价的同时，加剧了股价的波动(Maug and Naik，1996；Wermers，1999；史永东和王谨乐，2014)。所以，延续假设 5-2a 和假设 5-2b 的逻辑，如果机构投资者将高管强制变更事件解读为一个正面市场信号，那么伴随着机构家数的增多，一方面，其集中买入行为会推高股价并加剧股价的波动，另一方面，机构持股占比的提高意味着噪声交易占比的降低，从而又能起到稳定股价的作用，所以对股价波动的最终影响效果不能确定。相反，如果高管强制变更事件被解读为一个负面市场信号，那么伴随着机构家数(或机构持股份额)的减少，集中卖出行为会打压股价并加剧股价波动，同时噪声交易占比也会因机构家数的减少而提高，从而导致股价变得更加不稳定。

所以，基于以上分析，在此本章提出假设 5-3。

假设 5-3：如果机构投资者因为公司高管发生强制变更而抛售股票，那么将会在短期内加剧公司股价的波动。

5.2.2 样本选择与数据描述

本章选择 2004～2012 年沪深两市 A 股上市公司的季度数据作为研究样本。股票交易、公司财务、高管变更和公司治理等方面数据均来源于国泰安 CSMAR 数据库，证券投资基金持仓数据来源于和讯网。样本具体筛选过程依据以下原则进行：①剔除数据缺损的样本；②剔除金融类公司；③删除同时发行 B 股的公司；④部分存在异常值的样本，或剔除，或在 1%的水平上进行缩尾处理；⑤行业分类来源于证监会行业分类指引，除制造业取 2 位行业代码外，其余均取 1 位。最后得到 2498 家上市公司，样本为非平行面板结构，样本公司最长时间跨度 36 个季度。

由于多数情况下，中国上市公司中的董事长和总经理均对公司日常经营活动负有主要决策权，且董事长与总经理为同一人(两职合一)的现象普遍存在，所以本章将董事长变更和总经理变更一同视为公司高管变更①。表 5-1 列示了 2004～2012 年中国上市公司各类型高管变更事件的统计结果。

① 参考：游家兴等，2010。

表 5-1 中国上市公司 2004～2012 年各类型高管变更事件统计

离职原因	计重复变更			不计重复变更		
	次数	占比	累积占比	次数	占比	累积占比
工作调动	2218	38.89	38.89	1773	39.12	39.12
退休	165	2.89	41.79	136	3	42.12
任期届满	1150	20.16	61.95	887	19.57	61.69
控股权变动	44	0.77	62.72	31	0.68	62.38
辞职	1171	20.53	83.25	951	20.98	83.36
解聘	75	1.32	84.57	57	1.26	84.62
健康原因	133	2.33	86.9	113	2.49	87.11
个人	267	4.68	91.58	216	4.77	91.88
完善治理结构	101	1.77	93.35	95	2.1	93.98
涉案	19	0.33	93.69	13	0.29	94.26
结束代理	278	4.87	98.56	192	4.24	98.5
其他	82	1.44	100	68	1.5	100
全部	5703	100	100	4 532	100	100

注：(1)“计重复变更”是指若在一个季度内发生了多次高管变更事件，将累加计算

(2)“不计重复变更”是指若在一个季度内发生了多次高管变更事件，将只记作 1 次

(3) 若变更事件中的董事长和总经理为同一人(两职合一)，则只计作 1 次

参照国际惯例(Dedman，2003；Neumann and Voetmann，2005)，本章将表 5-1 中所有类型的高管变更事件划分为强制变更(nonroutine-turnover)与正常变更(routine-turnover)两大类，其中，将涉及“工作调动”、“辞职”、“解聘”和“个人”这 4 种原因的高管变更事件定义为强制变更，而将涉及“退休”、“任期届满”、“控股权变动”、“健康原因”、“完善治理结构”、“涉案”、“结束代理”和“其他”这 8 种原因的高管变更事件定义为正常变更。表 5-2 列示了中国上市公司 2004～2012 年高管强制变更与正常变更的逐年统计结果。

表 5-2 中国上市公司 2004～2012 年高管强制变更与正常变更的逐年统计

年度	2004	2005	2006	2007	2008
上市公司家数	1357	1358	1429	1536	1583
正常变更次数	115	154	147	165	89
强制变更次数	363	350	340	327	389
变更次数合计	478	504	487	492	478
强制变更占比	75.9%	69.4%	69.8%	66.5%	81.4%

续表

年度	2009	2010	2011	2012	合计
上市公司家数	1737	2083	2315	2442	—
正常变更次数	72	165	279	276	1 462
强制变更次数	403	347	280	271	3 070
变更次数合计	475	512	559	547	4 532
强制变更占比	84.8%	67.8%	50.1%	49.5%	67.7%

注：(1)为节约篇幅，表中计算的高管变更次数为季度统计结果的年度加总，其中，若在一个季度内发生了多次高管变更事件，将只记作 1 次

(2)若变更事件中的董事长和总经理为同一人(两职合一)，则只计作 1 次

(3)强制变更占比 ＝ 强制变更次数 / 变更次数合计

图 5-1 展现了 2004～2012 年中国上市公司高管强制变更占比与所有公司平均业绩间的变动关系。可以看出，除 2005 年和 2012 年外，其余各年份上的高管强制变更占比与公司业绩几乎都呈现出了此消彼长的反向变动关系，即当公司业绩下滑时，强制变更的比例会增加，而当公司业绩得到改善时，强制变更的比例也随之降低。显然，这与先前多数研究中所得出的“公司业绩是导致高管被迫离任的主要因素”这一结论是高度吻合的。此外，不难发现，公司高管强制变更主要与同期(年度)业绩相关，而与前期业绩的关系不大。由此，本章可以得出以下两点推断：第一，公司管理层更加注重短期(1 年以内)的业绩，并会及时对当任高管采取相应的惩罚措施。第二，为了厘清高管变更事件与其影响因素之间的因果关系，研究样本的间隔周期不宜过大(大于 1 年)，因此，本章采用的季度周期样本应该比以往多数同类研究中所选择的年度周期样本更为合适。

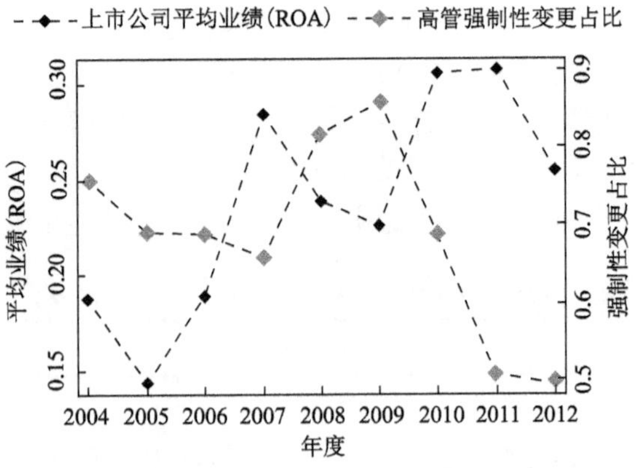

图 5-1　公司业绩与高管强制变更的变化趋势

表 5-3 给出了发生高管正常变更和强制变更的两组公司样本在关于“高管特征”、“机构家数”和“公司业绩”(Roa)这三个因素上的单变量对比结果。由 t

检验结果可知，“正常变更组”的“高管年龄”和“任职期限”均显著大于“强制变更组”，显然，这是一个非常符合直觉的结论。为有一个趋势化的感知，在针对“机构家数”和“公司业绩”的对比中，本章分别在事件发生的前期(上一季度)、当期(当季度)和后期(下一季度)这三个时间段上进行组间差异的检验。可以看出，无论是在前期、当期还是后期，“强制变更”组的“机构家数”均至少在5%的显著性水平下小于“正常变更”组。由此，本章大致可以得出以下两点推断：第一，机构投资者在公司高管发生强制变更之前已经开始“撤离”(“用脚投票”)；第二，机构投资者在公司高管发生强制变更之后，并不会因为继任高管的到来而重拾信心，而是选择了继续“撤离”。进一步地，由针对“公司业绩”的检验可得，“强制变更”组的当期和后期业绩均显著低于“正常变更”组，但前期业绩的组间差异却不充分显著。此处结论能够说明：第一，公司决策层对失职高管的“容忍度”十分有限，公司当期业绩一旦发生下滑，当任高管的职位便岌岌可危(与图 5-1 结论一致)。第二，高管发生强制变更之后的短期内(一个季度)，公司业绩并不会出现显著回升。

表 5-3　单变量的组间差异检验

变量	高管特征		机构家数			公司业绩(Roa)		
	年龄	任职期限	前期	当期	后期	前期	当期	后期
正常变更	51.635	3.767	1.765	1.834	1.727	0.016	0.018	0.019
强制变更	48.322	3.398	1.297	1.277	1.221	0.015	0.014	0.014
t	13.483	4.278	1.896	2.334	2.061	1.280	3.069	3.170
P	0.000	0.000	0.058	0.020	0.039	0.201	0.002	0.002

综合表 5-3 的检验结果，本章似乎可以发现，在公司业绩尚未进入实质性恶化阶段，机构投资者的提前“撤离”已经构成了公司高管发生强制变更的一个预警信号。机构投资者凭借其敏锐的“嗅觉”，不仅能够在“事前”做到先行一步，还能在“事后”保持足够的理性，并不会因为继任高管的到来而盲目乐观。当然，为了获得一个更加客观、稳健的实证结果，本章还需要将其他与高管强制变更事件相关的影响因素共同引入多元回归模型进行分析，并尽量排除模型中可能存在的内生性问题。

5.2.3　具体模型

5.2.3.1　机构投资者对高管强制变更的影响

由于本章的主要目的在于考察机构投资者对公司高管强制变更事件的影响作

用，所以，机构投资者变量是本章的重点研究变量，而其他相关因素均作为本章模型中的控制变量。本章使用 Logistic 模型对被解释变量为“公司高管是否被迫离任”的二元选择型模型进行建模，所用模型的具体形式如式(5-1)所示

$$\text{Logit}(\text{Turnover}_{i,t})=\alpha_0+\beta_1\text{Fund}_{i,t-1}+\sum_{j=2}^{n}\beta_j\text{Control}_{j,i,t}+\varepsilon \tag{5-1}$$

其中，Turnover 为“公司高管是否被迫离任”的0-1二元变量，如果样本公司在某一季度内发生高管强制变更，Turnover 取值为1[①]，否则为0；Fund 是机构投资者变量，一般来说，“机构持股比例”和“机构家数”都是文献中常用的机构投资者变量。就证券投资基金而言，“机构持股比例”衡量一只股票中全体基金的持股份额占该股总流通股股份的比例，而“机构家数”则计算一只股票中的基金家数。虽然这两个变量都反映机构投资者的参与程度，但在本质上仍存在一定差别[②]。其中，“机构持股比例”的取值与个股流通市值大小直接相关，所以对于那些市值过大(大盘)或市值过小(小盘)的股票来说，机构投资者的参与程度就有可能会被低估或高估。此外，由于不同机构投资者所管理的资金规模差异较大，因此该指标显然更多地体现了“大机构”的意志。在实际情况中，无论是“大机构”还是“小机构”，他们针对某一公司或某一行业所投入的研发成本往往是固定的(Wilson，1975)，即与其所管理的资金规模之间并不是线性关系，但“机构持股比例”却并没有“等权”地对待每一个机构投资者。相比之下，“机构家数”并未受到个股市值的影响，也未涉及权重因素，能够客观反映全体机构投资者的“群体性”意志，符合本章的研究逻辑，因此，本章使用“机构家数”作为机构投资者变量。基于前文的研究假设，如果我国机构投资者在参与公司治理方面采取积极的管理策略（“用手投票”），主动监督管理层的经营行为，那么可预期 β_1 将显著大于零，即假设5-1a成立。相反，如果我国机构投资者选择消极的管理策略（“用脚投票”），那么可预期 β_1 将显著小于零，即假设5-1b成立。

值得说明的是，为体现机构投资者治理行为(参与治理或“用脚投票”)与高管变更之间的因果关系，同时还要规避模型中可能存在的内生性问题，所有的机构投资者变量均使用前一期(t–1)项。例如，Aggarwal 等(2011)就曾在研究中指出，机构投资者的持股变化先于公司治理状况的变化，且不存在反向关系。

在控制变量 Control_j 的选取上，本章参考 Defond 和 Hung(2004)、赵震宇等(2007)和游家兴(2010)等文献，分别从公司的经营状况和治理特征两个方面选择以下可能会对我国上市公司高管强制变更事件产生影响的变量。具体包括：公司

① 与大多数类似研究中的处理方式一致，本章将发生在同一季度内的多次高管变更事件，视为一次变更事件。

② 在本章所选样本中，“机构持股比例”和“机构家数”的 Pearson 相关系数为 0.67。

规模(Size)，采用经对数转化的资产总额衡量；负债率(Lev)，为负债总额与资产总额的比值；经营绩效(Roa)，为净利润与总资产的比值；盈亏情况(Loss)，营业利润为正取 0，反之取 1，该变量用于样本分组；高管年龄(Age)，为高管实际年龄，在模型回归中将取对数值处理(ln_age)；任职期限(Tenure)，计算高管上任到离任的时间；两职合一情况(Duality)，若总经理和董事长为同一人取 1，反之取 0；股权集中度(Dis1_2)，为第一大股东与第二大股东持股份额之差；控制人性质(State)，国有控股取值为 1，非国有控股取值为 0。表 5-4 列示了模型中主要变量的描述性统计结果，表 5-5 列示了这些变量的相关系数矩阵。

表 5-4　主要变量的描述性统计

变量	平均值	中位数	最小值	最大值	标准差	偏度	峰度
Age	50.238	49.923	27	69	6.256	0.246	3.138
Tenure	4.521	4.192	0	17	2.438	0.983	4.370
Duality	1.821	2	1	2	0.384	−1.672	3.796
Lev	0.470	0.485	0.042	0.980	0.210	−0.13	2.297
Dis1_2	28.298	25.57	0	98.36	19.439	0.447	2.272
Size	21.546	21.393	13.076	28.405	1.224	0.803	4.834
State	0.597	1	0	1	0.491	−0.395	1.156
Roa	0.025	0.018	−0.176	0.167	0.04	−0.073	8.320
Fund	1.894	0	0	333	8.003	12.184	251.672

表 5-5　主要变量的 Pearson 相关系数

变量	Age	Tenure	Duality	Lev	Dis1_2	Size	State	Roa	Fund
Age	1								
Tenure	0.261***	1							
Duality	0.064***	0.060***	1						
Lev	0.012***	0.027***	0.157***	1					
Dis1_2	0.066***	0.015***	0.083***	0.055***	1				
Size	0.211***	0.101***	0.148***	0.342***	0.217***	1			
State	0.202***	0.141***	0.251***	0.227***	0.238***	0.298***	1		
Roa	0.056***	0.029***	−0.045***	−0.328***	0.066***	0.084***	−0.090***	1	
Fund	0.066***	0.022***	0.010**	−0.003	0.049***	0.332***	0.045***	0.207***	1

注：表中为 Pearson 相关系数

***、**、*分别代表 1%、5%和 10%的置信水平

5.2.3.2　高管强制变更对机构持股行为的影响

为得出高管强制变更事件对机构投资者持股行为的“独立”影响，不仅需要

控制其他相关因素的干扰，更需要排除机构持股与高管强制变更之间可能存在的内生性问题。为此，本章采用 PSM 方法(Rosenbaum and Rubin，1983)对这一研究目标进行建模分析。

PSM 方法的基本思想是，比较同一家公司在“未发生高管强制变更”与“发生高管强制变更”两种状态下的“机构家数”(Fund)差异，由于是同一主体的不同状态，本章可以认为这种差异是由高管强制变更事件引起的。当然，同一主体无法同时处于两种不同的状态，上述检验思路只是一个不可观测的理想过程。Rosenbaum 和 Rubin(1985)给出了解决这一“反事实”(counterfactuals)问题的思路：如果能够找到与“发生高管强制变更”的公司“相仿”的“未发生高管强制变更”的公司，那么就可以通过对比二者在“机构家数”上的差异来检验高管强制变更事件对机构持股行为的影响。找“相仿”的过程，即匹配过程，是 PSM 方法的核心环节，其目的是使得配对成功的两组公司在各维度上的特征都尽量相同，而匹配变量(特征)的选取则是以其是否对高管强制变更事件具有显著解释力为原则。所以，本章可以依据式(5-1)模型中各解释变量的回归结果来确定最终的匹配变量。

确定匹配变量之后，PSM 方法首先采用 Logistic 模型对二元被解释变量(是否发生高管变更)进行回归，然后以各匹配变量的回归系数为权重，拟合出每一家公司的倾向得分(PS 值)，该分值体现一家公司发生高管强制变更的概率。最终，依据每家公司的 PS 值对“发生高管强制变更”的公司和“未发生高管强制变更”的公司进行配对。

PS 值的计算过程如式(5-2)所示

$$\mathrm{PS}(X_{it}) = \mathrm{Pro}(\mathrm{Turnover}_{it} = 1 \mid X_{it}) = \frac{\exp(\beta X_{it})}{1+\exp(\beta X_{it})} \tag{5-2}$$

其中，X 为各匹配变量；β 为权重向量；i 为公司；t 为季度；Turnover 为是否为发生高管变更。

完成配对后的两组公司样本在各匹配变量上已不存在显著差别，剩下的唯一区别即“是否发生了高管强制变更”，即处理措施(treatment)。接下来，可依据 Becker 和 Ichino(2002)给出的计算方法，得出平均处理效应(average treatment effect on the treated，ATT)，也就是“处理组”(发生高管强制变更的公司)与“控制组”(匹配成功的未发生高管强制变更的公司)在“机构家数”上的平均组间差异。ATT 的计算过程如式(5-3)所示

$$\mathrm{ATT}_{\mathrm{Fund}} = 1/N^T \sum_{i\in T} \mathrm{Fund}_i^T - 1/N^T \sum_{j\in C} w_j \mathrm{Fund}_j^C \tag{5-3}$$

其中，T 为“处理组”；N^T 为“处理组”的样本数；C 为“控制组”。如果将

与“处理组”中第i个公司匹配成功的“控制组”公司样本数记为N_i^C，那么上式中的权重$w_j = \sum_i w_{ij}$，其中$w_{ij} = 1/N_i^C$。

5.2.3.3 高管强制变更对股价波动的影响

基于前文的理论分析，由于机构投资者的交易行为会对股价的收益或波动产生影响，所以，如果公司高管的被迫离任能够影响机构投资者的交易行为，那么可以预期的是，这种影响作用最终也将传导至公司的股价表现上。所以，本章拟继续采用PSM模型检验高管变更事件对股价波动和收益的“独立”影响，目的在于“捕捉现象”的同时还能从投资者行为的视角厘清其中的作用机理。与式(5-3)类似，高管强制变更事件对股价波动和收益的“独立”影响可描述为式(5-4)和式(5-5)的形式

$$\mathrm{ATT}_{\mathrm{Volatlity}} = 1/N^T \sum_{i \in T} \mathrm{Volatility}_i^T - 1/N^T \sum_{j \in C} w_j \mathrm{Volatility}_j^C \tag{5-4}$$

$$\mathrm{ATT}_{\mathrm{Return}} = 1/N^T \sum_{i \in T} \mathrm{Return}_i^T - 1/N^T \sum_{j \in C} w_j \mathrm{Return}_j^C \tag{5-5}$$

其中，采用股票日收益率的季度平均值来衡量股票价格收益水平（Return），Return_i和Return_j分别代表“发生高管强制变更”公司和“未发生高管强制变更”公司的股价收益。采用股票日收益率的季度标准差来衡量股票价格的波动（Volatility），$\mathrm{Volatility}_i$和$\mathrm{Volatility}_j$分别代表“发生高管强制变更”公司的股价波动和“未发生高管强制变更”公司的股价波动，其他符号的含义与式(5-3)完全相同。

5.3 实证检验与稳健性分析

5.3.1 机构投资者对高管变更的影响

作为一种有力的惩罚措施，让无法满足股东经营预期的高层管理人员强制离职，是公司治理的重要手段。相比之下，高管的正常离职则属于一种自然的“新老交替”，一般来说与其工作能力关系不大。所以，本章将重点研究那些发生强制性高管变更的公司样本。

表5-6列示了高管强制变更对机构投资者的Logistic回归估计结果。考虑到机构投资者存在较明显的择股行为(主要是选择行业)和择时行为，为得出更加稳健的结论，本章对原始机构投资者变量(Fund)进行“行业”和“季度”的中位数调整，并将调整后的机构投资者变量(Fund_adj)同步纳入回归模型进行检验。另

外，基于 Chang 和 Wong(2009)等的研究发现，当公司经营业绩处于不同的盈亏状态时，决定高管变更的因素也存在一定差异。因此，除了针对全样本的检验之外，本章还将进一步针对盈利公司组和亏损公司组[①]做出分组检验，以此考察机构投资者对高管变更的影响作用是否会因公司业绩状况的不同而存在差异。

表 5-6　高管强制性变更对机构投资者的 Logistic 回归

变量	全体公司		盈利公司		亏损公司	
	模型(1)	模型(2)	模型(3)	模型(4)	模型(5)	模型(6)
cons	5.531***	5.520***	6.082***	6.062***	2.496**	2.635**
	(8.56)	(8.55)	(7.79)	(7.77)	(1.96)	(2.08)
ln_age	−2.063***	−2.063***	−2.278***	−2.278***	−1.440***	−1.442***
	(−13.52)	(−13.52)	(−12.35)	(−12.35)	(−4.47)	(−4.47)
Tenure	−0.216***	−0.216***	−0.217***	−0.217***	−0.205***	−0.205***
	(−18.41)	(−18.41)	(−15.69)	(−15.69)	(−8.48)	(−8.47)
Duality	0.343***	0.343***	0.413***	0.413***	0.121	0.121
	(5.68)	(5.68)	(5.82)	(5.81)	(1.09)	(1.09)
Dis1_2	0.002*	0.002*	0.002	0.002	0.004*	0.004*
	(1.89)	(1.88)	(1.63)	(1.63)	(1.65)	(1.68)
Lev	0.348***	0.347***	0.387***	0.385***	−0.154	−0.139
	(3.34)	(3.34)	(3.05)	(3.04)	(−0.82)	(−0.74)
Size	−0.029	−0.029	−0.028	−0.027	0.051	0.043
	(−1.54)	(−1.51)	(−1.24)	(−1.19)	(1.41)	(1.22)
State	0.393***	0.393***	0.451***	0.451***	0.113	0.115
	(8.59)	(8.58)	(8.39)	(8.38)	(1.27)	(1.30)
Roa	−3.976***	−3.971***	−3.105***	−3.089***	−2.073**	−2.082**
	(−7.33)	(−7.32)	(−3.90)	(−3.88)	(−2.28)	(−2.29)
Fund	−0.003		−0.001		−0.119**	
	(−0.66)		(−0.35)		(−2.23)	
Fund_adj		−0.003		−0.002		−0.082**
		(−0.74)		(−0.47)		(−2.22)
样本数	55969	55969	47474	47474	8495	8495
似然值	−10 381.820	−10 381.734	−8 086.249	−8 086.188	−2 262.492	−2 263.495
Pseudo_R2	0.052	0.052	0.050	0.050	0.038	0.038

注：括号内为 *t* 值

*，**，***分别表示 10%，5%及 1%的显著性水平

① 依据发生高管变更事件前一期的营业利润对全体样本进行分组，将前期营业利润大于零的公司样本定义为盈利公司组(模型(3)、模型(4))，将前期营业利润小于零的公司样本定义为亏损公司组(模型(5)、模型(6))。

由表 5-6 中模型(1)和模型(2)的回归结果可知，在全样本下，高管年龄、高管任职期限、是否两职合一、股权集中度、负债率、公司股权性质及公司业绩水平都对公司高管的强制变更具有较强的解释力。但是本章的考查重点机构投资者变量(Fund 和 Fund_adj)前的系数并不显著，说明在整体上，机构投资者对公司高管强制变更的影响不大。

模型(3)和模型(4)及模型(5)和模型(6)呈现了分组情况下的检验结果。可以看出，模型(3)和模型(4)所对应的针对盈利样本公司的回归结果与全体样本下的回归结果(模型(1)和模型(2))相似①，并且机构投资者变量前的系数同样不显著。而模型(5)和模型(6)的回归结果则出现了较大改变，之前在全体样本和盈利公司组下高度显著的“是否两职合一”、“负债率”和“公司股权性质”等变量前的系数均不再显著，而此时的机构投资者变量反而在 5%的置信水平下显著为负，表明当公司业绩出现亏损时(上一期营业利润为负)，机构投资者家数的减少将显著增加公司高管被迫离任的概率，这与 Parrino 等(2003)的研究发现是一致的，说明我国的机构投资者在面对公司低劣的业绩表现时，会选择“用脚投票”的消极策略，并由此对管理层形成一种无形的监督压力，从而也就印证了本章的假设 5-1b。

另外不难发现，模型(5)和模型(6)中的“股权集中度”呈现出较弱的正向显著性，似乎说明股权集中度越高，高管被替换的可能性越大，这与 Kato 和 Long(2006)的研究结论是比较相符的，该研究认为，这是因为控股股东的持股比例越大，其就越有动力来监督高管人员的日常经营行为，尤其是当公司业绩不佳时，控股大股东能够及时对高管人员的能力进行评估，并考虑是否立刻更换。但若控股股东的持股份额较少，股权相对分散，股东之间就容易出现相互推诿和“搭便车”的现象，对失职高管采取惩罚行动的效率也随之降低。

综上，表 5-6 的检验结果可概括如下：第一，在所有回归结果中，变量 Roa 前的系数均显著为负，说明公司业绩始终是决定高管变更的重要因素。第二，由盈利公司组样本数(47 474 个)和亏损公司组的样本数(8 495 个)的对比可知，公司并非直到出现实质性亏损才会解聘现任高管，在大多数情况下，一旦公司业绩出现恶化，公司高管便有“被下岗”的风险。第三，“是否发生实质亏损”可视作高管下岗的警戒线，具有“一票否决”的作用，一旦公司业绩出现亏损，现任高管即可能被“无条件”解聘，而此时其他因素的影响力已经微乎其微。第四，对于业绩发生亏损的公司来说，机构投资者的角色好比是“压垮骆驼的

① 观察各分组的样本数，全体样本数共计 55969 个，其中，盈利公司组的样本数为 47474 个，几乎占据总样本量的 85%，而亏损公司组的样本数只有 8495 个。所以，全体样本的回归结果与盈利公司组的回归结果基本一致也是情理之中。

最后一根稻草”，其“用脚投票”的消极策略无疑对解聘现任高管起到推波助澜的作用。

5.3.2 高管变更对机构持股和股价波动的影响

遵循事件研究的规范逻辑，若将高管强制变更事件视为一个处理措施，那么全体样本可划分为处理组(发生了高管强制变更的公司集合)和无处理组(未发生高管强制变更的公司集合)两组，继而再从无处理组样本中挑选出与处理组特征“相似”的样本集合形成控制组，最终通过对比处理组样本和控制组样本在机构家数(或股价波动)上的平均组间差异得出高管变更事件对机构投资者持股行为(或股价波动)的影响。

5.3.2.1 匹配样本的共同支撑假设和平衡性假设的检验

根据表5-6中各模型的回归结果，由于只有“公司规模”(Size)对高管变更事件的解释力不显著，所以出于稳健性考虑，本章将除“公司规模”之外的其他所有解释变量均列为PSM模型的匹配变量。基于式(5-2)的计算过程，可得出每一个样本公司发生高管变更事件的PS值，再依据PS值对处理组样本和控制组样本进行匹配①。最终的匹配效果需要从两个方面来检验：其一，是否满足共同支撑假设(common support)，即要求处理组样本与控制组样本的PS值分布特征基本一致；其二，是否满足平衡性假设(balance test)，即要求处理组样本与控制组样本在各维度特征(匹配变量)上无显著差异。

本章采用核密度(K-density)分布图来描述“强制变更公司”(处理组)与“未强制变更公司”(无处理组)的PS值在匹配前后的分布形态，纵轴为概率密度，横轴为PS值。图5-2(a)反映匹配前两组样本的分布情况，不难看出，“强制变更公司”的PS值最高频率出现在0.05左右，而“未强制变更公司”的PS值最高频率出现在0.03左右，其倾向得分的分布重心显著低于前者。图5-2(b)反映匹配后两组样本的PS值分布情况，可以看出，“未强制变更公司”的PS值分布重心明显右移，形态与“强制变更公司”已经非常接近，这是因为按照最近邻匹配方法，在匹配后，“未强制变更公司”中只保留与“强制变更公司”PS值最接近的样本，未满足筛选标准的样本已被删除。总体上看，匹配过程明显修正了两组样本PS值的分布偏差，共同支撑假设得以满足。

① PS值为连续变量，无法做到精确匹配，一般非精确匹配方法包括：最近邻匹配(nearest neighbor matching)、半径匹配(radius matching)与核匹配(kernel matching)。本章采用文献中最常用的最近邻匹配(Becker and Ichino，2002)，其原则是为处理组中的每个样本寻找与之PS值最为接近的无处理组样本作为匹配对象(形成控制组)。

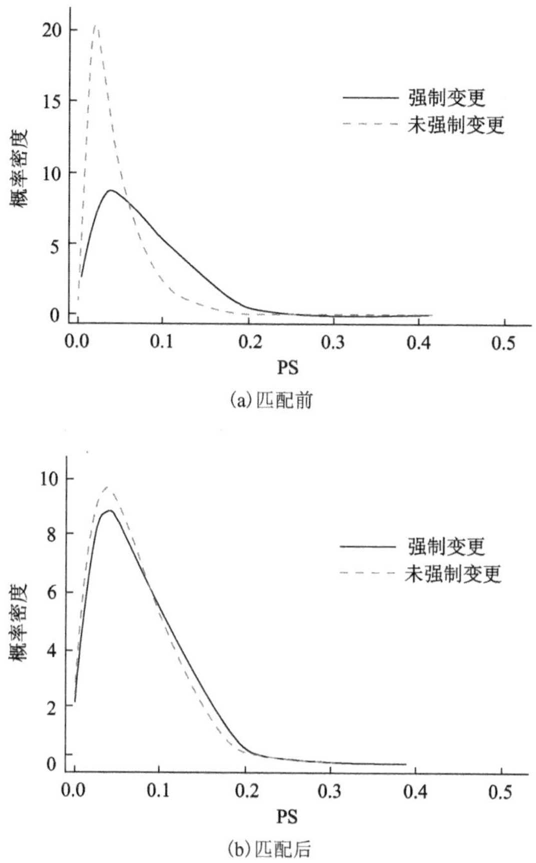

图 5-2　匹配前后两组样本 PS 值分布对比

接下来，本章将从标准偏差[①](standardized bias)和组间均值差异两个角度来验证平衡性假设是否得到满足。其中，标准偏差衡量了两组样本在各变量上分布特征的差异，取值越小代表差异越小，从实践经验来看，若匹配后变量标准偏差的绝对值仍大于 20%，则认为匹配效果欠佳。

表 5-7 给出了各匹配变量上的标准偏差和组间均值差异的检验结果，可以看出，在匹配之前，各变量的组间差异都十分显著。而在匹配后，各变量的标准偏差都控制在 3%以内，且均不能在 10%的显著性水平下拒绝组间无显著差异的原假设。由此可认为，本章匹配变量的选取和匹配方法都是恰当的，平衡性假设得以满足。

① 具体计算方法参考 Smith 和 Todd（2005）。

表 5-7　匹配变量的平衡性检验

匹配变量	处理	“强变”	“未强变”	标准偏差/%	标准偏差减少/%	t 检验	
						t 值	p
ln_age	匹配前	3.867	3.911	−32.7		−18.65	0.000
	匹配后	3.867	3.864	2.0	93.8	0.73	0.465
Tenure	匹配前	3.400	4.578	−47.5		−25.4	0.000
	匹配后	3.400	3.472	−2.9	93.9	−1.15	0.249
Duality	匹配前	1.877	1.818	16.5		8.07	0.000
	匹配后	1.877	1.874	0.9	94.7	0.36	0.719
Dis1_2	匹配前	0.508	0.468	19.1		9.86	0.000
	匹配后	0.508	0.513	−2.4	87.3	−0.93	0.352
Lev	匹配前	29.180	28.252	4.7		2.5	0.013
	匹配后	29.180	29.485	−1.5	67.2	−0.58	0.565
State	匹配前	0.671	0.593	16.2		8.28	0.000
	匹配后	0.671	0.682	−2.4	85.2	−0.93	0.352
Roa	匹配前	0.014	0.025	−26.1		−14.33	0.000
	匹配后	0.014	0.014	0.3	98.7	0.13	0.900

注：表中“强变”和“未强变”分别代表发生和未发生高管强制变更的公司样本集合

5.3.2.2　平均处理效应(ATT)的计算

完成匹配效果的检验后，可依照前文中介绍的方法测算高管强制变更事件对机构投资者持股行为和公司股价波动的影响(ATT)。为有一个系统全面的洞察，一方面,本章除了针对事件当期(当季度)进行检验之外,还将测算后期(下一季度)上的ATT，以考察高管变更事件的后期影响。另外，由表5-6的结果可知，两个子样本组(前期盈利组和前期亏损组)的回归结果差别较大，尤其是机构投资者的影响力存在显著的组间差异。所以，本章还将延续前文的研究思路，在进行整体检验的同时，进一步针对公司的盈亏情况分组检验。

表5-8报告了全样本下的检验结果。在机构家数方面，匹配前，无论是事件当期还是滞后一期，“强变”(强制变更，下同)组的机构家数均在1%的置信水平下显著少于“未强变”(未强制变更，下同)组。匹配后(ATT)，虽然组间差异的显著性发生改变，但基本结论保持一致。结合表5-6的实证结果，在高管变更事件发生的当期，“强变”组的机构家数少于“未强变”组(但不够显著)可能与事件发生之前的机构投资者撤离有关，而在滞后一期中，这种组间差距出现进一

步扩大(从–0.1915 升至–0.3442)，而且变得显著起来，说明机构投资者在原任高管被强制解聘后的一段时期内(3～4 个月)，发生明显的持续撤离，并没有因为新任高管的上任而对公司未来业绩恢复信心并“重新归来”，从而也就初步印证了本章的假设 5-2b。

表 5-8　全样本检验(高管“强制性”变更)

产出变量		处理	全体公司			
			“强变”	“未强变”	差异	t 检验
机构家数	事件当期	匹配前	1.2857	1.8911	–0.6054	–3.92***
		ATT	1.2857	1.4772	–0.1915	–1.25
	滞后一期	匹配前	1.2531	1.9343	–0.6811	–4.22***
		ATT	1.2531	1.5973	–0.3442	–2.2**
股价波动	事件当期	匹配前	0.0346	0.0340	0.0006	0.52
		ATT	0.0346	0.0343	0.0003	0.35
	滞后一期	匹配前	0.0316	0.0303	0.0013	5.74***
		ATT	0.0316	0.0315	0.0000	0.14
股票收益	事件当期	匹配前	0.0016	0.0020	–0.0004	–0.60
		ATT	0.0016	0.0016	0.0000	–0.02
	滞后一期	匹配前	0.0011	0.0008	0.0002	1.80*
		ATT	0.0011	0.0011	–0.0001	–0.33

注：“强变”和“未强变”分别代表发生和未发生高管强制变更的公司样本集合

*、**、***分别表示 10%，5%及 1%的置信水平

在股价波动和股票收益方面，虽然某些检验得到较为显著的结果，但均是匹配前(未能有效控制内生性问题的影响)。而匹配后的组间差异检验都不显著，所以此处不予展开讨论。但值得注意的是，“强变”组的股价波动在数值上都大于“未强变”组，符合假设 5-3 中的推断，虽然并不显著，但这种不显著或许正是因为没有对样本进行分组讨论。

表 5-9 报告分组样本下的检验结果。①盈利公司组：在机构家数方面，变更事件发生的滞后一期上，“强变”组的机构家数开始显著小于“未强变”组，这与整体检验中的结果是一致的。这说明即便公司没有逾越亏损的红线，但高管强制变更事件已经被机构投资者解读为一个负面信号，机构投资者的持股信心已经受到影响，并开始出现撤离现象。在股价收益和波动方面，匹配后的组间差异(ATT)均未得出显著性结论，虽然某些检验在匹配前得出显著性结论，但同样是由于未能有效控制内生性问题的影响，这里不予展开讨论。②亏损公司组：在机

构家数方面，无论是匹配前还是匹配后，无论是事件当期还是滞后一期，“强变”组的机构家数均至少在 5%的置信水平下显著少于“未强变”组，并且这种组间差异在两期上同样呈现出扩大趋势(从–0.3862 升至–0.4395)，说明机构投资者从公司高管发生强制变更的当期到随后的半年内一直都在持续撤离。在股价波动方面，在匹配后(ATT)事件当期“强变”组的股价波动至少在 5%的置信水平下显著大于“未强变”组，说明亏损公司的高管变更事件显著加剧公司股价的波动，从而在一定程度上(仅限于亏损公司样本)印证了本章的假设 5-3。

表 5-9　分组样本检验(高管“强制性”变更)

产出变量		处理	盈利公司				亏损公司			
			“强变”	“未强变”	差异	t 检验	“强变”	“未强变”	差异	t 检验
机构家数	事件当期	匹配前	1.6199	1.8911	–0.2712	–1.55	0.3141	1.8911	–1.5770	–5.26***
		ATT	1.6199	1.9370	–0.3171	–1.54	0.3141	0.7003	–0.3862	–3.01***
	滞后一期	匹配前	1.5716	1.9343	–0.3627	–1.98**	0.3674	1.9343	–1.5669	–5.00***
		ATT	1.5716	1.9637	–0.3921	–1.8*	0.3674	0.8069	–0.4395	–2.57**
股价波动	事件当期	匹配前	0.0336	0.0340	–0.0004	–0.29	0.0396	0.0340	0.0056	2.34***
		ATT	0.0336	0.0346	–0.0011	–0.98	0.0396	0.0337	0.0060	1.99**
	滞后一期	匹配前	0.0313	0.0303	0.0010	3.86***	0.0317	0.0303	0.0014	3.17***
		ATT	0.0313	0.0313	–0.0001	–0.17	0.0317	0.0308	0.0008	1.64
股票收益	事件当期	匹配前	0.0015	0.0020	–0.0005	–0.69	0.0031	0.0020	0.0011	0.89
		ATT	0.0015	0.0018	–0.0003	–0.91	0.0031	0.0017	0.0013	1.78*
	滞后一期	匹配前	0.0009	0.0008	0.0000	0.29	0.0010	0.0008	0.0001	0.66
		ATT	0.0009	0.0009	0.0000	–0.20	0.0010	0.0008	0.0002	0.68

注：“强变”和“未强变”分别代表发生和未发生高管强制变更的公司样本集合

*、**、***分别表示 10%，5%及 1%的置信水平

基于假设 5-3 的理论分析，高管强制变更事件将加剧公司股价波动主要源于两方面理由：第一，机构投资者的集中卖出，会破坏市场流动性，继而加大股票波动；第二，机构投资者的撤离会使噪声交易者的比例上升，而更多的噪声交易将会导致股票变得更加不稳定。基于表 5-9 的检验结果，有理由相信，机构投资者的撤离与公司股价的高波动之间应该存在着某种内在关联，那么这种关联究竟又是源于何种原因呢？显然，在第一种作用的影响下(排除其他因素干扰)，机构投资者的集中抛售不但会加剧股价波动，还将导致股价下跌，而在第二种作用的影响下(排除其他因素干扰)，股价不但不会明显下跌，相反还有可能出现一定程度的上涨，这是因为噪声交易者(中小个体投资者)的理性程度较低，其很可能会

将亏损公司的高管变更事件解读为一个利好消息，并对公司未来的业绩产生盲目乐观的情绪，从而积极买入股票，推高股价。

由表 5-9 中针对股票收益的检验可得，在亏损公司的事件当期(匹配后)，“强变”组的股价收益显著高于“未强变”组，即亏损公司的股票在高管被迫离职的同期表现出明显上涨。由此本章可以推定，由高管强制变更所引发的股价异常波动主要是由噪声交易占比的提高(机构占比降低)导致。当公司发生高管强制变更事件时(尤其是在业绩发生实质亏损的公司)，机构投资者会理性离去，不会对接任高管的到来抱有盲目乐观的态度，但是中小个体投资者却倾向于将亏损公司的高管变更事件解读为一个利好消息，并踊跃增持股票，在推高股价的同时，也加剧了股票的波动。

5.4 小　结

以往国内学者针对机构投资者治理效应的探讨大多停留在理论分析层面，鲜有研究能够真正通过实证手段厘清机构投资者参与公司治理的方式和路径。本章首次将机构投资者因素纳入高管变更事件的研究框架，从高管变更的视角探讨机构投资者的公司治理效应，并尝试从投资者行为的角度解析高管变更事件对公司股价波动的影响机理。

本章的研究结果发现：第一，公司业绩始终是高管被迫离任的主要原因，而在公司业绩尚未进入实质性恶化阶段，机构投资者能够凭借其敏锐的“嗅觉”做到提前撤离，其撤离行为也构成了公司高管即将发生强制变更的一个预警信号。第二，对于那些已经发生实质性亏损的公司而言，机构投资者的撤离能够形成一种较强的外部压力，从而加速现任高管的被迫离任。而对于那些经营仍然维持盈利的公司，机构投资者的施压作用则不明显。第三，高管强制变更事件对于机构投资者而言是一个负面信号。机构投资者不仅能够在“事前”做到先行一步，还能在“事后”保持足够的理性，公司一旦发生高管强制变更，机构投资者并不会因为继任高管的到来而盲目乐观，其只是选择了继续撤离。第四，噪声交易者(中小个体投资者)倾向于将亏损公司的高管变更事件解读为一个利好消息，他们的集中买入行为则构成了公司股价在高管强制变更后出现超额正收益及波动加剧现象的直接原因。

总体上，当前我国机构投资者主要还是通过“用脚投票”的消极管理策略对公司的治理状况产生影响，至少从高管变更的视角来看，并未得出我国机构投资者主动参与公司治理的有力证据。本书认为，这主要与我国证券市场普遍存在的短期投机行为直接相关，根据一些针对基金市场的调查数据，我国的机构投资者

(包括 QFII)平均持股期只有 4～6 个月，而若期望在如此短暂的持有期内发挥出正面的、积极的治理效应显然不太可能。所以，今后相关市场监管部门的工作重心仍然在于对机构投资者的短期投机行为形成有效干预，继续鼓励以养老金、社保基金和企业年金为代表的长期机构投资者进入股市，促进资本市场回归长期价值投资，同时还应引导机构投资者参与公司治理以实现公司价值与股东财富的最大化。

6 机构投资者对股价波动的影响①

6.1 理论分析与研究假说

机构投资者的交易行为对市场的信息效率及各类资产价格的波动性都有举足轻重的影响。从机构投资者的行为特征入手来探究股票的运动规律是一个非常有效的研究路径，有助于为管理部门制定发展机构投资者战略提供微观理论依据。事实上，自机构投资者诞生以来，关于机构投资者能否稳定股价、降低市场噪声、增加市场有效性的问题一直都是学术界广泛讨论的热点。

公司股票的市场表现，主要包括股票的波动性、收益率及流动性三个方面。而学术界关于机构投资者对股票市场表现的影响研究也主要从这三个层面展开，其中，机构投资者是否能够稳定股价、降低市场波动更是一个历久弥新的热点研究问题。

以“机构投资者与股价波动”为例，一直以来，以个人投资者为主体的投资者结构被认为是导致我国证券市场出现高投机性、高换手率和个股频繁剧烈波动的主要原因。早在2001年，中国证监会就提出了“超常规发展机构投资者”的战略方针，其政策目的在于利用机构投资者的长期投资、价值投资等特性促进市场健康发展，减小市场非理性波动。经过十多年的发展，我国机构投资者数量和市场份额均实现了跨越式的增长，根据证券市场交易统计数据，2011年我国沪市机构投资者交易额为7.8万亿，占市场总交易量的16.5%，证券投资基金凭借庞大的资产规模、通畅的信息渠道和专业的投资技术，已经成为我国资本市场最主要的机构投资者(占机构投资者总交易量的97.6%，占市场总交易量的16.1%)②，被认为是稳定市场的中坚力量。那么，我国以证券投资基金为代表的机构投资者是否起到了稳定市场的作用呢?

无论是从理论上分析，还是基于已有的研究成果(肖星和王琨，2005；江向才，2004；胡倩，2005)，机构投资者偏好业绩好、经营稳健、治理结构优良、抗风险能力强的股票几乎是一个无需重新论证的观点。倘若这类股票具备“先天的”低波动性，那么单从计量结果上得出机构投资者有助于稳定市场的结论显然是不合

---

① 本章以题为《中国机构投资者真的稳定市场了吗？》一文，在《经济研究》2014年第12期发表，具体请见参考文献。

② 数据取自“上证第二届全球基金峰会”（2012年4月20日），上海证券交易所副总经理（徐明）发言稿。

理的。事实上，从以往国内学者的实证经验来看，被机构投资者重仓持有的股票也的确呈现出较低的波动性（廖理和石美娟，2008），如果据此得出“既然机构投资者持有的股票波动性较低，那么管理层应该继续大力发展机构投资者”这类有失偏颇的政策建议，显然不利于资本市场的健康发展。本书认为，研究机构投资者是否起到稳定市场的作用，关键是要选择一个合理的评判基准，在最大程度上克服机构持股与股票波动之间的内生性，而这个基准要以机构投资者的择股偏好为依据，即筛选出与机构重仓股相类似的未被机构重仓持有的股票，继而比较这两类股票的表现，最终得出机构投资者对股票波动性所能发挥出的“净”影响。

当然，国内也有部分学者尝试在控制了机构投资者的某些择股偏好之后对机构投资者稳定市场这一命题做出实证研究。其中，祁斌等（2006）指出，公司规模与机构投资者持股比例显著正相关，同时，公司规模与股票波动之间也存在着紧密的联系，因此在考察机构投资者持股比例与股票波动之间的关系时，必须把公司规模控制在相同的水平上，即在同一个公司规模组合中考察二者之间的关系，这样就可以剔除公司规模的影响。其研究结果显示，在控制了公司规模之后，机构投资者持股比例与股票波动性显著负相关，支持了机构投资者能够稳定市场的观点。本书认为，祁斌等（2006）的研究思路是值得借鉴的，但是仅仅控制公司规模这一个变量是远远不够的，因为机构投资者在选股过程中会考察上市公司在诸多特征变量上的综合表现。因此，有必要运用一种有效的分析模型来系统全面地控制机构投资者在各个维度上的择股偏好，从而在最大程度上克服由于样本的选择性偏差（selection bias）或混杂偏差（confounding bias）而导致的内生性问题。

在一些已有研究中，已经得出机构投资者的择股过程对股票的收益率或者换手率的某些特征存在偏好。例如，由于机构投资者偏好业绩优良的公司，而公司的优良业绩同时也会反映在股价收益上，所以被机构投资者重仓持有的股票一般会呈现出较高的收益率。但本书不能通过简单对比就得出“机构投资者提高了股票的收益率”这一草率结论。同理，大多数已有研究都得出了“机构投资者偏好换手率低的股票”的结论，那么机构投资者对股票的换手率究竟产生了何种“净”影响也不能从表象上得出结论。所以，与上面的研究思路类似，对于“机构投资者持股与股票收益率或换手率之间关系”的讨论，同样需要选择一个客观的参考标准，需要最大限度地排除由机构投资者的择股偏好所带来的内生性问题。

本书该部分实证研究的主要贡献体现在：①与已有国内外文献不同，本书并没有先验地假定机构投资者交易行为与股票表现（波动率、收益率和换手率）之间的因果关系，而是采用 PSM 方法，从客观现实出发，以“反事实”因果分析框架为基础，在充分考虑机构投资者择股偏好的基础上，深入探究机构投资者交易行为对公司股票表现的“净”影响，有效规避了基于 OLS 模型难以克服的由于样本选择性偏差和混杂偏差导致的内生性问题，这也是本书在方法应用上的新尝试，并提高实证结论的可靠性。②本书选取 2004 年第一季度到 2012 年第四季度，共 9 年 36 个季度的中国 A 股市场所有上市公司的季度数据，样本期不但涵盖市场的上涨阶段和下跌阶段，同时也包含相当长的震荡时期。此外，在扩充样本容量的同时，本书还试图从更加客观、公允的角度对市场行情的性质进行定义与划分，力求得到更加可靠的实证结论。③将机构投资者的买入行为（进驻期）与持有行为（滞后期）区别对待，并结合分组 t 检验及 ARMA（1,1）-EGARCH（1,1）-M 模型等多种分析工具，对股票的同期波动率、收益率和换手率的变动特征作为整体综合考察，从多角度对机构投资者影响公司股票市场表现的作用机理进行深入剖析，厘清其中的因果关系，丰富了此类研究的经验证据。

6.1.1 机构投资者的持股偏好

学术界对于机构投资者的研究，大多从价值创造与价值选择两个层面展开。所谓价值创造，讨论的焦点即机构投资者是否参与了公司治理，通过监督管理层的经营活动来降低代理成本，最终发挥出提升公司价值的作用。而价值选择，则是将研究视角投向机构投资者的择股偏好问题。肩负受托责任的机构投资者，出于投资业绩、行业声誉、管理薪酬等多方面考虑，在选择股票时大多遵循“审慎”（prudentman）原则，会从诸多方面考察股票的“安全”性，尽量避免投资组合出现较大波动（Badrinath et al.，1989）。

总体来说，学者一般会从公司财务特征、公司治理结构特征及股票的市场表现特征三个维度入手，对机构投资者的持股偏好进行研究与分析。Arbel 等（1983）发现，考虑到内部报告、波动性限制、管理层强制性参与等问题，机构投资者会回避风险高的小公司股票。Badrinath 等（1989）首次系统全面地研究了美国机构投资者的持股偏好，涉及了一系列特征变量，如公司的规模、资产负债率、红利、信用评级、上市时间及股票的历史收益、换手率、波动率等。研究得出，机构投资者偏好具有大规模、信用评级高、流动性高、历史收益率高、波动率低等特征的公司股票。Guercio（1996）指出，机构投资者一般会参照标准普尔评级、公司历史业绩、股票是否为 S&P500 成分股、股票历史收益及其波动率等方面因素选择股票，但不同投资者的“审慎”程度是存在差异的，研究得出，相比共同基金，银行这类机构投资者对风险的敏感性更高，在股票的选择上更为小心谨慎。Falkenstein（1996）从股票价格、收益率波动性、交易活跃度、公司信息透明度、公司规模及上市时间等维度考察了机构投资者的持股偏好。研究表明，美国开放式基金倾向于持有价格高、流动性强、公司规模大、上市时间长、信息透明度高等特征的公司股票。研究还发现，美国开放式基金偏好高波动性的股票，作者认为这是因为高波动性的股票能够带来较高的收益，由于基金经理的报酬与短期业绩直接相关，为了追求短期回报，基金经理会选择高波动性的股票。Gompers 和 Metrick(2001)在研究中发现，机构投资者持股比例与公司规模存在正向关系，他们认为，这是因为小公司股票的波动性往往更高，为了规避风险，机构投资者会倾向于持有大公司股票，并且大公司股票价格的上涨与机构持有有关。Aggarwal 等(2005)从地区法治环境和投资者保护的层面分析了机构投资者的持股偏好，研究得出，市场法治体系健全、会计准则严谨、信息披露制度完善、投资者保护程度高的国家或地区的公司对机构投资者具有更强的吸引力。Brands 等(2006)研究了澳大利亚股票市场机构投资者的持股偏好，研究得出，积极的基金经理偏好具有大市值、高波动率、较高的分析师覆盖率、较低的分析师预测分歧、低交易成本等特征的股票。Bushee(2001)考察了机构投资者究竟是注重股票的短期收益还是偏好持有具有长期价值增值潜力的股票，研究表明，受制于投资期限及严格的绩效考核要求，机构投资者会更加努力地寻找那些在短期内就能提供持续收益的股票。Faugere 和 Shawky(2003)对纳斯达克市场 2000 年的熊市阶段进行了实证研究，发现当股市处于下跌趋势时，相对于个人投资者而言，机构投资者对风险更加敏感，倾向于更多地持有低波动性的股票。Barber 等(2005)研究发现，个人投资者喜欢追随被媒体关注或交易量、价格出现异常变化的股票，而机构投资者更青睐具有稳定表现的股票。

国内学者关于机构投资者的持股偏好方面也做了广泛深入的研究。肖星和王琨(2005)发现，机构投资者所偏好的公司在多项财务指标和公司治理特征上均明显好于未被机构持有的公司。同时研究还得出，证券投资基金在进行价值选择的基础上，还起到了价值创造的作用，在一定程度上强化了市场配置资源的效率。廖理和石美娟(2008)从多个角度考察了我国养老基金的持股偏好。研究表明，我国养老基金以追求安全性为首要投资原则，其偏好公司规模大、公司风险小、市场风险小、财务风险小的公司股票。作者指出，我国养老基金所选择的股票往往与我国证券投资基金偏好的股票相一致，研究还发现，我国养老基金对流动性强、交易成本低及过往具有良好收益表现的股票也表现出了更佳的青睐。宋玉(2009)考察了上市公司两权分离状况对机构投资者持股决策的影响。研究发现，我国的机构投资者，尤其是证券投资基金，更加偏好于那些最终控制人所有权比例高和两权分离程度小的公司，并且私人企业的两权分离度相较于国有企业对机构投资者的择股决策影响更大。翟伟丽等(2010)研究指出，机构投资者更倾向于持有大市值股、高价股和低市盈率股票，同时也尽量回避 ST 类股票。相比之下，个人投资者则相对青睐小市值股、低价股及高市盈率股票。同时，实证结果表明，机构投资者的持股偏好在不同机构投资者的分类中也表现出一定差异，其中，证券投资基金、社保基金及 QFII 等对大市值股、高价股及低市盈率股票的偏好相较于其他机构投资者会表现得更强。刘涛等(2013)实证研究了上市公司股权结构特征对不同类型机构投资者持股决策的影响。结果得出，不同类型的机构投资者在选股过程中，对公司的不同股权结构特征表现出了差异化的偏好，其中，证券投资基金偏好选择股权制衡度较高的公司,保险公司偏好选择股权集中度较高的公司，社保基金偏好选择股权分散度较高的公司，而公司股权结构对证券公司及 QFII 的投资决策则没有表现出明显的影响作用。

6.1.2　机构投资者对股票波动性的影响

学者经常从两个角度探讨机构投资者的交易行为与股票波动性的关系。其一，机构投资者究竟是偏好低风险的股票还是偏好高风险的股票？其二，机构投资者的参与究竟是降低了股票的波动性还是提高了股票的波动性?

关于择股偏好方面,主流观点认为机构投资者更倾向于持有低风险的股票(如 Arbel et al.，1983；Badrinath et al.，1989；Sias，1996；Gompers and Metrick，2001；Faugere and Shawky，2003 等)。

而关于机构投资者是否发挥了稳定股价的功能，已有研究的分歧则较大。一些国外学者认为机构投资者加剧了市场的波动。例如，De Long 等(1990)认为，机构投资者利用了噪声交易者的市场情绪获取超额收益，当市场情绪持续乐观向上时，机构投资者会选择正反馈交易策略，继续推动泡沫直至市场情绪出现逆转之后才会退出。Chan 和 Lakonishok(1995)认为，当基金经理试图获取短期的高额利润时，会放弃价值型策略而选择成长型策略，这往往会带来更大的股价波动。Sias(1996)以 1977～1991 年纽约交易所全部上市公司作为样本，分析了机构投资者持股比例与股价波动的关系。在控制了公司规模之后，机构投资者持股比例与股价波动呈现出正向关系，而且前者先行于后者，即机构投资者持股比例的增加将导致更大的股价波动。Campbell 等(2001)指出，1962～1997 年股票市场的整体波动性并没有增加，但是单只股票的波动性的确伴随着机构投资者持股比例的增加而增加。Dennis 和 Strickland(2002)发现，基金投资人对短期业绩的重视，会迫使基金经理选择逐势或惯性交易策略，而此类基于历史行情的正反馈交易策略会使得股价相对其内在价值发生较大程度的偏离，并导致市场出现更大的波动。

在国外，另外一些学者则认为机构投资者发挥了稳定股价的作用。例如，Chopra 等(1992)指出，机构投资者比个人投资者更为理性，不易受到市场噪声交易的影响，机构投资者的理性交易能够抵消市场中的狂热情绪，起到稳定股价的作用。Hirshleifer 等(1994)认为，证券投资基金凭借信息优势和专业的研究人员，能够更准确地评估股票的基础价值。在股市出现过度反应时，常常采用负反馈交易策略，买入急速下跌的股票，卖出快速上涨的股票，从而缓解了股票的波动。

此外，与个人投资者相比，证券投资基金不会频繁改变交易策略和投资组合，因此不会引起股票价格的大幅波动。Wermers(1999)对1975～1994年美国股市数据进行研究，认为基金在整体意义上存在一定程度的“羊群效应”，但这种“羊群效应”加速了股价吸收新信息的速度，所以是理性的，有利于市场的稳定。Irvine等(2007)在对货币基金和养老金的研究中发现，机构投资者采用了负反馈交易策略，并由此发挥了降低市场波动的功能。Lakonishok等(1992)提出的LSV模型则认为，股票价格对新信息的吸收需要一个过程，正反馈交易策略可加速股票价格回归价值，是理性的行为。而且当市场中存在众多交易者时，不同交易策略对股价的影响能够互相抵消，正反馈交易不会对股价产生太大影响。

我国学者对于机构投资者与股票波动之间关系的实证研究同样没有得出一致性结论。宋军和吴冲锋(2001)研究发现，以我国证券投资基金为代表的机构投资者存在着显著的“羊群行为”，总体上并未发挥出稳定市场的功能。胡大春和金赛男(2007)采用动态面板数据模型对1999年到2004年我国A股市场进行了分析，发现基金偏好波动大的股票，随着基金持股比例的提高，其所持股票的波动率降低，从而证明机构投资者起到了稳定股市的作用。姚颐和刘志远(2008)通过对震荡市场下的数据进行分析,发现证券投资基金的交易行为降低了市场当日的震荡，但从长期看，加剧了市场萧条期的持续下跌与繁荣期的不断攀升，强化了市场的动量效应。陈国进等(2010)研究了2007年6月到2008年12月机构投资者的日持仓数据，得出机构投资者利用市场中个体投资者的行为金融偏差进行交易，成为股市暴涨暴跌的助推器。胡海峰和宋李(2010)的研究表明，大多数时间里，证券投资基金持股比例的高低对股价波动影响不显著，说明我国机构投资者没有显著发挥稳定市场、抑制股价大幅波动的功能。徐信忠等(2011)对2002年年初到2009年上半年的中国开放式基金的“羊群现象”进行了研究，发现国内开放式基金在行业层面存在“羊群现象”，会跟随其他基金买入或卖出同一行业的股票。胡金焱和亓彬(2012)分析了2002～2011年沪深A股市场数据，研究表明，当大盘收益为正时，机构持股有利于市场稳定，当大盘收益为负时则会增加市场波动。翟伟丽等(2010)研究发现,股价的波动水平明显受到不同类型投资者持股偏好的影响，在控制了股票的收益水平下，机构投资者占比较大的股票的波动显著低于个人投资者占比较大的股票。

6.1.3 机构投资者对股票收益率的影响

机构投资者持股不但会对股票的波动性造成影响,许多学者通过研究还发现,机构投资者的持股比例与其所持股票的收益率之间存在着显著联系。

Chan和Lakonishok(1993)考察了机构投资者交易行为对股票价格的影响,研究发现，机构的买入行为和卖出行为对股票收益的影响是非对称的。

Wermers(1999)检验了机构投资者是否存在“羊群行为”，以及“羊群行为”对股价的影响。研究发现，机构投资者在买入股票上发生“羊群行为”会导致股价出现更高的当期和滞后期收益，而且这种收益率上的差异化在小盘股的表现上尤为明显。Nofsinger 和 Sias(1999)研究指出，机构投资者的“羊群行为”与股票的滞后期收益正相关，机构投资者“羊群效应”对股价的影响要大于普通投资者的“羊群行为”，机构投资者买入股票的滞后期收益高于其卖出股票的滞后期收益。Sias 等(2001)通过测算机构持有量的季度、年度变化与期内股票收益之间的协方差，得出机构投资者的买入行为与股票收益之间存在正向关系，作者认为，这种正向关系与机构投资者的期内正反馈交易及机构投资者大量买入对股票价格形成的压力有关。

此外，也有学者从知情交易的角度解释机构持股与股票期内收益的正相关现象。由于机构投资者相比个人投资者拥有更强大的信息挖掘能力，他们往往能够预测股价的变化，所以其交易行为与股票的价格表现存在关联。Dennis 和 Weston(2001)研究得出，机构投资者和内部人都是知情交易者，他们对信息的掌握程度都高于个体交易者。Daniel 等(1997)考察了 1975 年到 1994 年美国共同基金的择时能力与择股能力，研究表明，积极的价值成长型的机构投资者有显著的择股能力，这在一定程度上体现出机构投资者掌握了能够预测未来股价变化的信息。

6.1.4　机构投资者对股票流动性的影响

流动性是反映资产变现能力的指标。股票市场的流动性，体现买卖双方能够迅速执行一笔交易且不造成价格大幅变化的能力。流动性高低与股票波动大小直接相关，当某只股票流动性不足时，表现为“挂价”指令单的数量较少，换手率较低，一旦出现一定量的主动“买单”或“卖单”便会造成股价的大幅偏离，产生高昂的交易成本和个股风险。所以，流动性也是市场安全性的一个重要衡量标准。

从理论上分析，机构投资者主要通过信息假说和交易假说这两个渠道影响股票流动性。一方面，由不同投资者间的信息不对称而产生的逆向选择问题会降低流动性；另一方面，机构投资者的交易行为会使其所掌握的私有信息传递到股价之中，提高市场信息效率的同时也增加了流动性。

从实证出发，基于先前学者的研究成果，机构投资者交易行为与流动性之间的关系的确也存在分歧。一方面，有的学者认为，机构投资者有助于市场流动性的提升。机构投资者以其在信息挖掘和信息处理方面的优势，能够提高市场的信息效率和资产流动性，并起到稳定市场的作用(Lakonishok et al., 1992)。Admati 和 Pfleiderer(1988)考察了流动性交易者和知情交易者的日内交易模式，实证结果表明，不同知情交易者之间的相互竞争能够降低内部信息在市场中扩散的成本，提高了市场中的流动性。Jennings 等(2002)实证得出，更高的机构投资者持股比例会导致更低的买卖价差，作者认为，这是由于机构投资者降低了市场中的信息不对称而提高了市场流动性。Rubin(2007)考察了公司股票流动性与其股票所有权结构之间的关系，研究得出，机构投资者持股对股票流动性的影响要大于内部知情人，股票流动性与机构投资者的持股比例正相关，但与第一大股东持股比例负相关。作者认为，这种结果可能与机构投资者的交易行为及股权高度集中后的逆向选择有关。

另一方面，也有学者指出机构投资者会对股票流动性产生负面作用。例如，Friedman(1996)研究得出，机构投资者，尤其是共同基金规模的扩大会导致投资行为的集中化，并由此加剧了市场的波动，降低了市场的流动性。Barber 和 Odean(2008)认为，机构投资者短期的大笔买入或卖出能够造成市场流动性短缺，进而使得股票的日内价格出现大幅变动。

我国学者对于机构投资者与股票流动性之间关系也做了一定研究。其中，徐颖文等(2007)对我国股票市场的流动性、宏观经济变量及机构投资者发展之间的协整关系进行了实证研究，结果表明，市场流动性与宏观经济变量及机构投资者入市规模之间存在着正向的长期均衡关系，机构投资者入市规模的增加提高了股票市场的流动性。孔东民和邵园园(2011)认为，从交易层面来说，机构投资者持股比例的增加会降低个股交易频率，使得股票流动性下降。但是机构投资者的信息处理优势，能够增加盈余质量对股票的流动性的正向作用。雷倩华等(2012)研究发现，我国机构投资者持股比例与股票的报价价差、有效价差和 PIN 值正相关。证券投资基金比其他机构投资者更可能导致流动性成本的增加。陈辉和汪前元(2012)基于高频数据，对机构投资者与市场流动性之间所存在的信息假说和交易假说做出了验证，研究表明，在上述两种路径下，机构投资者均对市场流动性产生了影响。

6.2 研 究 设 计

6.2.1 研究思路

基于 PSM 模型的基本原理，本部分的研究思路是：比较同一只股票在“被机构持有”与“未被机构持有”两种状态下的市场表现差异，既然是比较同一只股票在不同持有状态下的差异，可以认为这种差异是由机构投资者的持有行为引起的。当然，这种检验思路是一个不可观测的理想情况，因为同一只股票无法同时处于两种不同的状态。Rosenbaum 和 Rubin(1985)给出了解决这一“反事实”问题的思路：如果能够找到与被机构持有的股票(机构股)“相仿”的未被机构持有的股票(普通股)，那么就可以通过对比二者的波动率、换手率及收益率等方面差异来检验机构投资者对股票表现的影响作用。

所以，本章具体实证过程按照以下四个步骤展开。

第一步：清晰地界定与划分机构股和普通股样本。

第二步：以机构投资者的择股偏好为依据，选取匹配变量。

第三步：对匹配变量进行筛选并对匹配效果进行检验。

第四步：区分机构投资者不同的交易行为(买入、持有)，区分不同的市场行情，同时将股票同期收益率和换手率列入考察对象。从多角度检验两类股票的波动性差异，并剖析存在差异的内在机理。

6.2.2 样本选择

本章选择 2004～2012 年沪深两市 A 股上市公司的季度数据作为研究样本。股票交易、公司财务、公司治理等方面数据均来源于国泰安 CSMAR 数据库，证券投资基金持仓数据来源于和讯网。样本具体筛选过程依据以下原则进行：①剔除 ST、PT 的公司；②剔除数据缺损的样本；③剔除金融类公司；④部分存在异常值的样本，或剔除，或在 1%的水平上进行缩尾处理；⑤行业分类来源于证监会行业分类指引，除制造业取 2 位行业代码外，其余均取一位。最后得到 2564 家上市公司，样本为非平行面板结构，样本公司最长时间跨度 36 个季度，全体样本共计 50 521 个观察值。

6.2.3 PSM 模型

6.2.3.1 模型原理

下面以股票波动性为例介绍 PSM 模型原理。理想情况下，通过对比同一只股票在两种持有状态下的波动性差异，就能直接得出机构投资者对该只股票波动性的“净”影响。本章采用 volatility 表示股票的波动性，那么，机构投资者对某只股票波动性的净影响如式(6-1)所示

$$\text{Diff}^{\text{ideal}} = E(\text{volatility}_{it}^{1} \mid f_{it}=1) - E(\text{volatility}_{it}^{0} \mid f_{it}=1) \tag{6-1}$$

其中，i 为股票；t 为季度；f 为是否为机构股，机构股为1，普通股为0；volatility^1 和 volatility^0 分别为同一只股票在为机构股和普通股两种状态下的波动性。

显然，式(6-1)属于典型的“反事实”推断过程，因为任何时点上同一只股票只可能处于一种状态下。在实际操作中，$E(\text{volatility}_{it}^{0} \mid f_{it}=1)$ 是无法观测的，基于 Rosenbaum 和 Rubin(1985)提出的思路，本章可以通过寻找与机构股“相仿”的普通股来替代解决，具体过程如式(6-2)所示

$$\text{Diff}^{\text{real}} = E(\text{volatility}_{it}^{1} \mid f_{it}=1) - E(\text{volatility}_{it}^{0} \mid f_{it}=0) \tag{6-2}$$

找与机构股“相仿”的普通股的过程即为匹配过程(matching)，在匹配之前，需要对机构股和普通股有一个清晰的界定。本章综合以下两点考虑：一方面，单

只股票在市场中的表现，是该股票上全体投资者共同交易行为的结果。单个投资者对一只股票的影响力与其交易量和持股比例直接相关，同样，机构投资者作为投资者结构中的一个类别，只有在获得相对多数的持股份额后，才有可能显著影响某只股票的表现。另一方面，证券投资基金在我国机构投资者分类中处于绝对主导地位。因此，本章以证券投资基金作为机构投资者代表，以10%的基金持股比例作为机构股的界定标准，对全体股票样本进行二元化分组处理。本章计算了样本期内(2004q1～2012q4，q代表季度，后同)所有股票的基金持股比例，用$fund_{it}$表示t季度末开放式基金和封闭式基金持有的第i家上市公司股票市值之和占第i家上市公司流通总市值的比例。继而，本章将基金持股比例大于等于10%的股票定义为机构股，将基金持股比例小于10%的股票定义为普通股。各年度总样本数及机构股和普通股的分布情况见表6-1。可以发现，机构股和普通股的数量基本都呈现出逐年增加趋势，但机构股的数量在各年度中的比例没有明显上升，始终占总样本数的7%左右[①]。

表6-1　各年度机构股和普通股的样本分布

年度		2004	2005	2006	2007	2008	2009	2010	2011	2012	合计
普通股	样本数	4 135	4 297	3 646	4 100	4 498	5 013	5 987	7 159	8 145	46 980
	占比/%	94.51	93.31	91.89	91.44	91.22	94.53	92.92	92.67	93.76	92.99
机构股	样本数	240	308	322	384	433	290	456	566	542	3 541
	占比/%	5.490	6.690	8.110	8.560	8.780	5.470	7.080	7.330	6.240	7.010
合计	样本数	4 375	4 605	3 968	4 484	4 931	5 303	6 443	7 725	8 687	50 521
	占比/%	100	100	100	100	100	100	100	100	100	100

注：各年度样本数均是按照季度统计，然后按年度加总

匹配过程是PSM方法的重要环节，其目的是使得配对成功的机构股和普通股在各个维度上的特征都尽量相同，若匹配后各维度上的差异在统计上不再显著，则可视为一个理想的配对结果。在特征变量较少的情况下，本章可以采取分层匹配的方法，当特征变量较多时，分层匹配非常耗时，且各变量的权重也很难决定。PSM方法采用Logit模型，对二元被解释变量(是否为机构股)进行回归，将特征变量的回归系数当作权重，进而能够拟合出一个PS值，该分值体现某只股票为机构股的概率大小。

① 这也说明无论本书是以固定持股比例（10%）作为划分机构股和普通股的分界点，还是用一个固定的分位数（7分位或10分位）来分割样本，最终结果都不会有太大区别。当然，出于结论的稳健性考虑，在后文中，本书适当调整机构股的界定标准，分别在7%和13%的基金持股比例上重新划分机构股与普通股，并以此给出本章的稳健性检验。

某只股票为机构股的 PS 值如式(6-3)所示

$$\mathrm{PS}(X_{it}) = \mathrm{Pro}(f_{it}=1 \mid X_{it}) = \frac{\exp(\beta X_{it})}{1+\exp(\beta X_{it})} \tag{6-3}$$

其中，βX_{it} 为Logit回归的拟合值，该值的大小能够体现一只股票为机构股的概率。而式(6-3)的计算过程是一个类似标准化的过程，使得最终PS值(X_{it})落于0～1，而 $\mathrm{PS}(X_{it})$ 的大小依旧可以反映一只股票为机构股的概率大小。

式(6-3)中的 X 是各匹配变量，体现机构投资者的择股偏好，本章参考肖星和王琨(2005)等已有文献，选择如下匹配变量：负债率 tl，流动比率 crz，主营业务利润比例 mbpr，主营业务利润率 mbp，费用率 er，应收账款周转率 rtr，存货周转率 itr，总资产回报率 roa，代理成本 ac，公司规模 size，主营业务收入成长率 sgr，总资产成长率 tagr，两职合一 duality，董事会成员的平均年龄 avage，董事会成员的平均教育水平 avedu，前五大股东持股比例之和 sum5，前两大股东持股比例之差 dis12 等，各变量具体计算方式见表 6-2。

表 6-2　匹配变量名称与定义

变量符号	含义	计算方法
tl	负债率	总负债/总资产
crz	流动比率	流动资产/流动负债
mbpr	主营业务利润比例	主营业务利润/利润总额
mbp	主营业务利润率	主营业务利润/主营业务收入
er	费用率	(销售费用＋管理费用＋财务费用)/主营业务收入
rtr	应收账款周转率	主营业务收入/应收账款净额
itr	存货周转率	主营业务收入/存货净额
roa	总资产回报率	净利润/总资产
ac	代理成本	管理费用/营业收入
size	公司规模	公司总资产取对数
sgr	主营业务收入成长率	主营业务收入增长/上一期主营业务收入
tagr	总资产回报率	总资产增长/上一期总资产
duality	两职合一	指董事长与总经理是否两职合一(1=同一人；2=不同人)
avage	董事会成员的平均年龄	董事会成员年龄的算术平均值
avedu	董事会成员平均教育水平	董事会成员教育水平的算术平均值(1=中专及中专以下，2=大专，3=本科，4=硕士研究生，5=博士研究生)
sum5	前五大股东持股比例和	指前五大股东持股比例的加总
dis12	前两大股东持股比例差	指第一大股东和第二大股东的持股比例之差

PSM 模型根据每只股票的 PS 值对机构股和普通股进行配对。由于 PS 为连续变量，无法做到精确匹配，常用的非精确匹配方法包括：最近邻匹配(nearest neighbor matching)、半径匹配(radius matching)与核匹配(kernel matching)。本章采用 Becker 和 Ichino(2002)提出的最近邻匹配，其原则为每只机构股 i 寻找与之 PS 值最接近的普通股 j 作为匹配对象。最近邻匹配的表达式如式(6-4)所示

$$C(i)=\min\|\mathrm{PS}_i(X)-\mathrm{PS}_j(X)\| \tag{6-4}$$

其中，下标 i 为机构股；下标 j 为普通股；$C(i)$ 为与机构股 i 成功匹配的普通股 j 的集合。完成匹配后的机构股和普通股在各 X 变量上已不存在显著差别，剩下唯一的区别就是它们是否被机构持有，即处理措施(treatment)。接下来，利用Becker 和Ichino(2002)的方法计算出两组股票的平均处理效应(average treatment effect on the treated，ATT)，也就是机构股(处理组)和匹配成功的普通股(控制组)波动率的平均差异，其计算过程如式(6-5)所示

$$\mathrm{ATT}=1/N^T\sum_{i\in T}Y_i^T-1/N^T\sum_{j\in C}w_jY_j^C \tag{6-5}$$

其中，T 为处理组(机构股)；N^T 为机构股数量；C 为控制组(匹配成功的普通股)；Y_i 和 Y_j 分别为机构股和普通股的产出变量(outcome)，如波动率。本章将与机构股 i 匹配成功的普通股数量记为 N_i^C，上式中的权重 $w_j=\sum_i w_{ij}$，其中 $w_{ij}=1/N_i^C$。

6.2.3.2 研究视角

出于研究结果的全面性和稳健性考虑，在 6.3 节的实证检验中，将同时从三个研究视角出发，深入剖析机构投资者对股票的市场表现的影响。

视角一：除上面讨论的股票波动率(volatility)，本章还将股票同期的收益率(return)和换手率(turnover)列为研究对象，即 PSM 模型中的产出变量(outcome)，并试图对三者间的相互作用机理进行探索。本章各产出变量的名称与定义见表 6-3-Panel A。

表 6-3 产出变量、买入行为检验与行情分组

Panel A：产出变量的名称与定义		
变量符号	含义	计算方法
volatility	波动率	股票日收益率的季度标准差
return	收益率	股票日收益率的季度平均值
turnover	换手率	股票日换手率的季度平均值

续表

Panel B：机构股进驻期的机构买入行为检验									
检验变量	样本量	均值	标准误	标准差	t 检验（均值=0）				
Δfund	3376	2.702	0.137	7.965	$t = 19.7075$	$p = 0.000$			
Panel C：上涨行情与下跌行情分组									
上涨行情	2004q1	2005q3	2005q4	2006q1	2006q2	2006q3	2006q4	2007q1	2007q2
	2007q3	2009q1	2009q2	2009q4	2010q3	2010q4	2011q1	2012q1	2012q4
下跌行情	2004q2	2004q3	2004q4	2005q1	2005q2	2007q4	2008q1	2008q2	2008q3
	2008q4	2009q3	2010q1	2010q2	2011q2	2011q3	2011q4	2012q2	2012q3

视角二：考虑到机构投资者的买入行为（机构进驻当期）和持有行为（滞后期）对股票波动性的影响可能有所不同，本章将分别考察这两个时段上的平均处理效应 ATT。其中，进驻期取为证券投资基金发布季度末持仓报告的当期，滞后期取为发布报告后的滞后一期。表 6-3-Panel B 给出机构股在进驻期的机构买入行为检验，Δfund 代表机构股上的机构持股比例在进驻期与其前一期的差值，可以看出，Δfund 的平均值为 2.702%，且通过 t 检验，表明在整体上，机构股的机构持仓水平在进驻期为净买入。

视角三：考虑到机构投资者在不同行情阶段对市场的影响也可能有所不同，除对全样本进行整体检验外，本章还将分别针对上涨行情和下跌行情进行单独分析。在对上涨行情和下跌行情的定义上，本章遵循这样一个简单且客观的标准，本章以上证指数的季度收益为最小衡量单位（约 60 个交易日），当上证指数的季度收益大于 0（季度 K 线的收盘价高于开盘价）则定义为上涨行情，反之定义为下跌行情[①]。行情具体分组情况见表 6-3-Panel C，可见在全样本的 36 个季度周期中，上涨和下跌周期的个数恰好相等，各占 18 个周期。

6.3 实 证 检 验

6.3.1 描述性统计

表 6-4 给出了主要变量的描述性统计结果。可以看出，机构持股比例 fund 的范围在 0～64.87%，平均值为 2.017%，中位数为 0。大部分股票没有被机构投资

① 采用这种分组方式可以避免前期某些文献中由于对行情存在主观判断而产生的分歧。例如，一段牛市中的回撤行情，有的学者仍将其定义为上涨，有的学者将其定义为下跌，还有的学者会将其定义为震荡。

者选择，少数股票被高比例持有，这说明机构投资者在各股票上的资产配置非常不均衡，且大多数机构投资者都存在相同的择股偏好。

表 6-4　主要变量的描述性统计（N=50 521）

变量	均值	中位数	标准差	最小值	最大值
roa	0.026 4	0.019 1	0.034 4	−0.077 9	0.150
tl	0.463	0.479	0.202	0.043 7	0.870
crz	2.314	1.385	3.019	0.309	20.600
mbpr	0.871	0.981	0.449	−2.160	1.797
mbp	0.084 2	0.065 0	0.148	−0.555	0.606
er	0.173	0.138	0.134	0.021 1	0.824
rtr	12.70	3.991	22.020	0.567	89.970
itr	5.090	2.847	6.195	0.275	25.21
ac	0.089 5	0.070 0	0.078 2	0.008 20	0.506
size	21.640	21.480	1.147	19.600	25.35
sgr	0.390	0.469	0.781	−0.892	2.907
tagr	0.037 4	0.021 7	0.097 7	−0.163	0.565
duality	1.829	2	0.376	1	2
avage	49.63	49.580	3.847	35.630	64.75
avedu	3.566	3.556	0.628	1	5
sum5	54.120	54.980	15.620	1.330	98.01
dis12	28.630	26.240	19.44	0	87.66
volatility	0.030 0	0.028 3	0.009 8	0.013 5	0.058 6
return	0.000 8	0.000 2	0.004 4	−0.008 6	0.016 0
turnover	2.737	2.070	2.230	0.226	11.08
fund	2.017	0	5.475	0	64.87

注：换手率(turnover)和机构持股比例(Fund)以百分数的形式表示，表中%符号未显示

6.3.2　机构择股偏好的初步探讨

6.3.2.1　匹配变量的组间差异

在未匹配之前，首先从直观上给出机构股和普通股关于各变量的对比，以期对机构投资者的择股偏好进行初步探讨，具体结果见表 6-5。

表 6-5 机构股和普通股匹配前各变量对比

Panel A：匹配前公司财务变量对比

财务变量	roa	tl	crz	mbpr	mbp	er	rtr	itr	ac	size	sgr	tagr
普通股	0.024	0.464	2.305	0.865	0.077	0.174	12.25	5.012	0.090	21.58	0.388	0.035
机构股	0.057	0.450	2.440	0.942	0.175	0.164	18.75	6.125	0.078	22.49	0.421	0.072
t 检验	−56.34	3.819	−2.562	−9.841	−38.63	3.918	−16.98	−10.32	8.894	−46.45	−2.425	−21.98
p	0.000	0.000	0.010	0.000	0.000	0.000	0.000	0.000	0.000	0.000	0.015	0.000

Panel B：匹配前公司治理变量对比

治理变量	duality	avage	avedu	sum5	dis12
普通股	1.831	49.600	3.556	53.820	28.510
机构股	1.806	50.090	3.700	58.140	30.190
t 检验	3.798	−7.300	−13.13	−15.90	−4.953
p	0.000	0.000	0.000	0.000	0.000

Panel C：匹配前产出变量对比

产出变量	volatility		return		turnover	
	进驻期	滞后期	进驻期	滞后期	进驻期	滞后期
普通股	0.030	0.030	0.001	0.001	2.807	2.701
机构股	0.029	0.029	0.002	0.001	1.802	1.717
t 检验	5.396	6.775	−16.51	−0.572	26.03	26.51
p	0.000	0.000	0.000	0.567	0.000	0.000

表 6-5-Panel A 列示了各财务变量的对比结果，可以看出机构投资者偏好具有收益率高、流动比率高、负债率低、费用率低、代理成本低、规模大等特征的公司。

表 6-5-Panel B 列示了各治理变量的对比结果，其中两职合一和股权集中度都能体现大股东对公司的控制力，而董事会成员的年龄和教育水平则能体现管理层的管理经验和专业水平。可以看出，机构投资者偏好具有两职合一程度高、董事会成员年龄大、董事会成员教育程度高、股权集中度高等特征的公司。

表 6-5-Panel C 列示了各产出变量的对比结果，这里将机构投资者买入股票的阶段（进驻期）和持有股票的阶段（滞后期）区别对待，可以看出，无论是在进驻期还是滞后期，机构股的波动率和换手率均显著低于普通股。值得注意的是，在进驻期中，机构股的收益率虽然显著高于普通股，但在滞后期中这种组间差异不再显著，这似乎意味着对于个体投资者而言，通过追踪基金公布的季度持仓数据来选择股票已经错过最佳买入时期。

综合来看，机构股的多项公司财务指标和公司治理指标均显著优于普通股，表明机构投资者更倾向于选择财务状况好、管理效率高的公司进行投资，这与肖星和王琨(2005)的研究结果是一致的。与此同时，机构股的确也呈现出更低的波动性，这就从侧面揭示出在有关机构投资者与股票稳定性的实证研究中，由于机构投资者存在相同的择股偏好，或将导致样本选择性偏差和混杂偏差等问题引发的模型内生性问题。

6.3.2.2 匹配变量的进一步筛选

本章利用 Logit 模型估计机构投资者的选股决策方程，从而最终确定 PSM 所使用的匹配变量。Logit 回归中被解释变量为 0-1 二元变量，1 代表机构股，0 代表普通股。表 6-6 列示了各种组合下的回归结果。

表 6-6 机构投资者选股的影响因素分析

模型	(1)	(2)	(3)	(4)	(5)
roa	19.794***	19.643***	19.534***	22.145***	21.893***
	(29.76)	(30.31)	(30.63)	(37.15)	(37.19)
tl	−0.404**	−0.491***	−0.097	−0.689***	−0.343***
	(−2.55)	(−3.49)	(−0.71)	(−5.20)	(−2.67)
crz	0.009				
	(1.06)				
mbpr	0.354***	0.349***	0.472***	0.363***	0.464***
	(4.16)	(4.11)	(5.34)	(4.48)	(5.50)
mbp	1.682***	1.732***	1.601***	0.885***	0.870***
	(9.22)	(9.70)	(9.11)	(5.80)	(5.75)
er	0.805***	0.907***	0.791***	1.600***	1.481***
	(2.87)	(4.95)	(4.36)	(10.10)	(9.37)
rtr	−0.000				
	(−0.07)				
itr	−0.011***	−0.011***	−0.009**	−0.025***	−0.023***
	(−2.91)	(−2.95)	(−2.48)	(−8.12)	(−7.33)
ac	0.286				
	(0.54)				
size	0.910***	0.907***	0.813***	0.829***	0.755***
	(41.26)	(41.68)	(39.02)	(39.87)	(37.70)
sgr	−0.159***	−0.159***	−0.171***	−0.164***	−0.175***
	(−5.67)	(−5.64)	(−6.14)	(−5.93)	(−6.39)
tagr	2.196***	2.198***	2.075***	2.261***	2.137***
	(13.12)	(13.13)	(12.57)	(13.75)	(13.16)

续表

模型	(1)	(2)	(3)	(4)	(5)
duality	−0.405***	−0.409***	−0.277***	−0.436***	−0.323***
	(−7.85)	(−7.97)	(−5.49)	(−8.63)	(−6.49)
avage	−0.035***	−0.035***	−0.048***	−0.039***	−0.049***
	(−6.32)	(−6.32)	(−8.72)	(−7.12)	(−9.17)
avedu	0.165***	0.165***	0.125***	0.163***	0.133***
	(4.92)	(4.92)	(3.74)	(5.05)	(4.11)
sum5	0.002*	0.002*	0.004***	0.001	0.003**
	(1.66)	(1.79)	(3.01)	(1.06)	(2.29)
dis12	−0.007***	−0.007***	−0.006***	−0.007***	−0.006***
	(−6.66)	(−6.81)	(−5.67)	(−7.07)	(−5.98)
cons	−21.969***	−21.837***	−19.986***	−19.472***	−18.037***
	(−44.10)	(−45.03)	(−42.81)	(−46.36)	(−44.67)
N	50 507	50 507	50 507	50 521	50 521
行业因素	控制	控制	控制		
年度因素	控制	控制		控制	
对数似然值	−9 899.605	−9 900.386	−10 076.915	−10 168.349	−10 312.349
Pseudo_r2	0.228	0.228	0.214	0.207	0.196

注：括号内为 *t* 值

*，**，***分别代表 10%，5%，1%的置信水平

表 6-6 中，模型(1)加入所有匹配变量，同时控制了行业效应和季度效应，回归结果表明，公司的流动比率 crz 、应收账款周转率 rtr 和代理成本 ac 对机构投资者选股决策的影响不显著，在模型(2)中，本章将这三个变量剔除①，从结果看，对模型整体影响不大，因此，在后文的 PSM 匹配过程中，这三个变量将不再作为匹配变量。同时，出于对比需要，在模型(3)～模型(5)中，本章还依次放松行业效应和年度效应的约束，并给出相应的检验结果。

6.3.3 共同支撑假设与平衡性假设检验

本章以表 6-6 中模型(2)的变量设定作为 PSM 的匹配依据，计算出全体样本中每一只股票的 PS 值，并最终依据 PS 的取值对机构股和普通股进行匹配。本章采用之前介绍的，也是文献中最为常用的“最近邻匹配”，而最终的匹配效果需要从两个方面检验：其一，是否满足共同支撑假设(common support)；其二，是

① 在实际操作中，本章对这三个变量采取逐步剔除的方式，其显著性均未发生实质变化，受篇幅限制，这里不再一一呈现。

否满足平衡性假设(balance test)。共同支撑假设要求完成匹配后，机构股与普通股的 PS 值的总体分布形态基本保持一致；平衡性假设则要求完成匹配后，机构股与普通股在各匹配变量上已无显著差异，即各变量对机构投资者的择股偏好已不再具有解释力。

6.3.3.1 共同支撑假设检验

本章用核密度(K-density)分布图来描述机构股与普通股的 PS 值在匹配前后的分布形态，纵轴为概率密度，横轴为 PS 值。图 6-1 反映了匹配前两组样本的分布情况，不难看出，机构股 PS 值的最高频率出现在 0.08 左右，而普通股的最高频率值出现在 0.02 左右，机构股倾向得分的分布重心显著高于普通股。图 6-2 反映匹配后两组样本的分布情况，可以看出，普通股的分布重心明显右移，分布形态与机构股已经非常接近，这是因为在匹配后，普通股中只保留与机构股 PS 值最为相近的样本，未匹配成功的普通股样本已被删除。机构股的样本结构在匹配前后并未发生变化，所以分布特征没有改变。总体上看，匹配过程明显修正了两组样本的分布偏差，匹配效果理想，共同支撑假设得以满足。

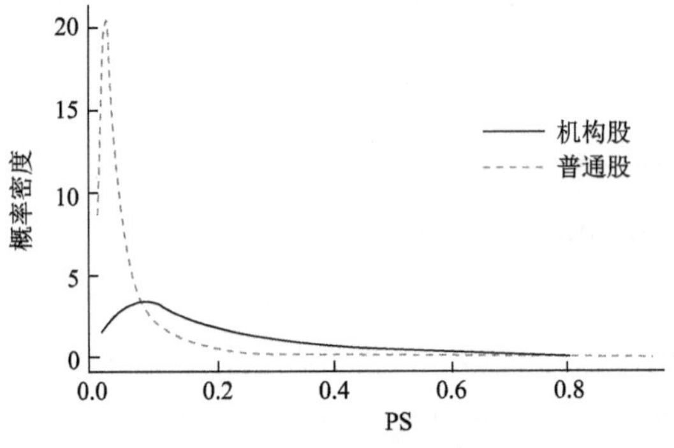

图 6-1 匹配前 PS 值分布对比

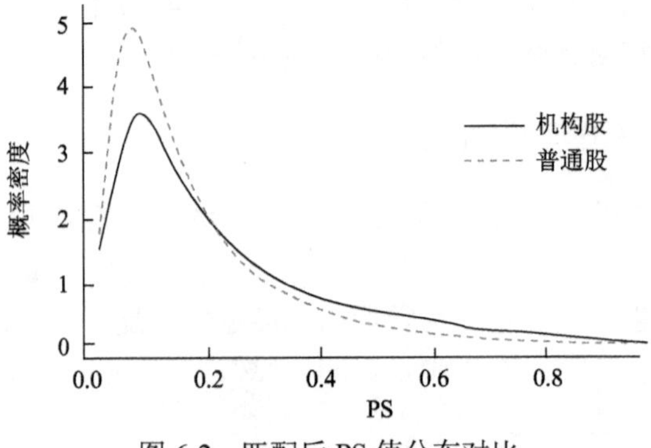

图 6-2 匹配后 PS 值分布对比

6.3.3.2 平衡性假设检验

本章借鉴 Smith 和 Todd(2005)的方法，从标准偏差(standardized bias)和组间均值差异两个角度检验匹配后两组样本的平衡性假设是否得到满足。其中，标准偏差的取值体现了两组样本在各变量上分布特征的差异，值越小代表差异越小，从实践经验来看，若匹配后变量标准偏差的绝对值仍大于 20%，则认为匹配效果欠佳。

机构股与普通股基于匹配变量 X 的标准偏差如式(6-6)所示

$$\text{bias}(x)=100\frac{1}{N^T}\sum_{i\in(\exp=1)}\left(x_i-\sum_{i\in(\exp=0)}W(p_i,p_j)x_j\right)\Big/\sqrt{\frac{\text{Var}_{i\in(\exp=1)}(x_i)+\text{Var}_{i\in(\exp=0)}(x_j)}{2}} \tag{6-6}$$

同时，还可以通过 t 检验来考察匹配后各变量的均值是否存在组间差异，如果差异显著，则认为匹配效果欠佳。表 6-7 给出了各匹配变量上的标准偏差和组间均值差异的检验结果，可以看出，匹配后各变量的标准偏差都控制在 5%以内，且均不能在 5%的显著性水平下拒绝机构股与普通股无显著差异的原假设。由此可认为，本章匹配变量的选取和匹配方法都是恰当的，平衡性假设得以满足。

表 6-7 匹配变量的平衡性检验

匹配变量	处理	机构股	普通股	标准偏差/%	标准偏差减少/%	t 检验	
						t	p
roa	匹配前	0.056 86	0.024 05	87.9		56.39	0.000
	匹配后	0.056 86	0.056 07	2.1	97.6	0.77	0.443
tl	匹配前	0.450 18	0.463 61	−6.7		−3.82	0.000
	匹配后	0.450 18	0.451 76	−0.8	88.2	−0.33	0.741
mbpr	匹配前	0.942 06	0.865 13	21.9		9.84	0.000
	匹配后	0.942 06	0.945 47	−1.0	95.6	−0.75	0.454
mbp	匹配前	0.175 38	0.077 13	68.1		38.75	0.000
	匹配后	0.175 38	0.175 52	−0.1	99.9	−0.04	0.969
er	匹配前	0.164 38	0.173 33	−7		−3.85	0.000
	匹配后	0.164 38	0.161 87	2.0	71.9	0.86	0.389
itr	匹配前	6.125 5	5.013 4	17.3		10.31	0.000
	匹配后	6.125 5	6.299 5	−2.7	84.3	−1.08	0.281
size	匹配前	22.488	21.579	76.6		46.44	0.000
	匹配后	22.488	22.53	−3.6	95.3	−1.37	0.171

续表

匹配变量	处理	机构股	普通股	标准偏差/%	标准偏差减少/%	t 检验	
						t	p
sgr	匹配前	0.420 95	0.387 79	4.3		2.44	0.015
	匹配后	0.420 95	0.427 68	−0.9	79.7	−0.39	0.696
tagr	匹配前	0.072 08	0.034 81	35.6		22	0.000
	匹配后	0.072 08	0.076 6	−4.3	87.9	−1.54	0.123
duality	匹配前	1.806 3	1.831 3	−6.5		−3.81	0.000
	匹配后	1.806 3	1.813 3	−1.8	71.7	−0.76	0.449
avage	匹配前	50.089	49.600	12.8		7.3	0.000
	匹配后	50.089	50.217	−3.3	74.0	−1.33	0.182
avedu	匹配前	3.699 5	3.556 1	23.2		13.12	0.000
	匹配后	3.699 5	3.716 5	−2.8	88.1	−1.2	0.232
sum5	匹配前	58.139	53.825	27.6		15.88	0.000
	匹配后	58.139	58.821	−4.4	84.2	−1.75	0.079
dis12	匹配前	30.186	28.506	8.4		4.96	0.000
	匹配后	30.186	30.224	−0.2	97.7	−0.08	0.937

6.3.4 整体检验结果

完成匹配后，就可以依据前文介绍的方法得出平均处理效应(ATT)，也就是产出变量在处理组(机构股)和控制组(匹配之后的普通股)两组间的平均差异。表6-8 报告了整体行情检验结果。

表 6-8 整体行情下的检验结果

产出变量	处理	机构股	普通股	差异	t 检验
波动率	匹配前	0.0295	0.0304	−0.0010	-5.47^{***}
(进驻期)	ATT	0.0295	0.0290	0.0004	1.86^{*}
波动率	匹配前	0.0289	0.0301	−0.0012	-6.78^{***}
(滞后期)	ATT	0.0289	0.0289	0.0000	0.09
收益率	匹配前	0.0020	0.0008	0.0013	15.6^{***}
(进驻期)	ATT	0.0020	0.0007	0.0013	11.88^{***}
收益率	匹配前	0.0008	0.0007	0.0000	0.57
(滞后期)	ATT	0.0008	0.0010	−0.0002	-1.84^{*}

续表

产出变量	处理	机构股	普通股	差异	t检验
换手率	匹配前	1.8255	2.8589	−1.0334	−26.1***
（进驻期）	ATT	1.8255	2.3834	−0.5579	−12.89***
换手率	匹配前	1.7173	2.7011	−0.9838	−26.52***
（滞后期）	ATT	1.7173	2.2809	−0.5636	−14.38***

*，**，***分别代表10%，5%，1%的置信水平

（1）波动率

匹配前，无论是机构进驻的当期还是滞后期，机构股的波动率均在1%的显著水平下显著低于普通股，这也是6.3.2.1小节中描述性统计的结果；匹配后，进驻期，机构股的波动率为0.0295，反而在10%的显著水平下高于普通股的波动率0.0290，而在滞后期中两组样本差异不显著。

（2）收益率

在机构进驻期，无论是匹配前还是匹配后，机构股的收益率都在1%的显著水平下显著高于普通股，这与Sias等（2001）的研究结论是相同的，他们发现季度和年内的机构持有量与股票期内收益之间存在正向关系，这种关系是由机构投资者进场时的集中买入行为所致，并且有80%的正向关系是在机构进驻当期内发生的。滞后期中，机构股的收益率与普通股在匹配前并无显著差异，而匹配后甚至低于普通股（在10%的显著水平上显著）。基于机构股收益率在两期中先高后低的特点，似乎可以得出两点推断：其一是机构股在滞后期中的低收益率也许是对前期高收益率的一种自然调整。其二是在我国证券市场中，机构股相较于普通股的超额回报率主要是由机构投资者的集中买入行为造成的，与公司业绩关系不大。

（3）换手率

无论是机构进驻期还是滞后期，无论是匹配前还是匹配后，机构股的换手率都显著低于普通股，这说明我国机构投资者偏好低流动性的股票，同时还能进一步降低股票的换手率。这与Falkenstein（1996）和Badrinath等（1989）的实证结果相符，他们认为机构投资者偏好低流动性的股票，并且相对于个人投资者，机构投资者的信息甄别能力更强，极少受到非理性因素的干扰，所以经常采取“买入并持有”的策略，不会很频繁地改变投资组合，这使得机构投资者占比较高的股票中的噪声交易大幅降低，换手率自然较低。

不难发现，在匹配后的进驻期中，虽然机构投资者已经显现出加剧市场波动

的迹象，但是 t 值偏小，并不十分显著。也许这种不显著是由于没有对上涨行情和下跌行情区别对待，如果机构投资者在两种行情下发挥的作用恰好相反，那么平均之后的不显著也就不足为奇了。接下来，本章将对上涨行情和下跌行情分别做出检验，检验结果见表 6-9。

表 6-9　分组行情下的检验结果

产出变量	处理	上涨行情				下跌行情			
		机构股	普通股	差异	t 检验	机构股	普通股	差异	t 检验
波动率	匹配前	0.0311	0.0309	0.0003	0.97	0.0284	0.0302	−0.0018	−7.29***
(进驻期)	ATT	0.0311	0.0297	0.0014	3.88***	0.0284	0.0293	−0.0009	−2.64***
波动率	匹配前	0.0295	0.0297	−0.0002	−0.85	0.0286	0.0303	−0.0017	−7.20***
(滞后期)	ATT	0.0295	0.0291	0.0004	1.16	0.0286	0.0290	−0.0004	−1.26
收益率	匹配前	0.0047	0.0034	0.0013	11.02***	−0.0002	−0.0015	0.0013	15.85***
(进驻期)	ATT	0.0047	0.0033	0.0014	8.19***	−0.0002	−0.0016	0.0013	12.29***
收益率	匹配前	0.0023	0.0020	0.0003	2.08**	−0.0004	−0.0003	−0.0001	−0.94
(滞后期)	ATT	0.0023	0.0025	−0.0002	−1.33	−0.0004	0.0001	−0.0004	−3.16***
换手率	匹配前	2.2141	3.4441	−1.2300	−19.30***	1.4981	2.2859	−0.7878	−16.42***
(进驻期)	ATT	2.2141	2.9978	−0.7838	−10.96***	1.4981	1.8684	−0.3703	−7.17***
换手率	匹配前	1.9535	3.1342	−1.1807	−19.59***	1.5286	2.2947	−0.7661	−16.51***
(滞后期)	ATT	1.9535	2.7473	−0.7938	−12.61***	1.5286	1.9358	−0.4072	−8.11***

*，**，***分别代表 10%，5%，1%的置信水平

6.3.5　分组行情下的检验

6.3.5.1　上涨行情

通过表 6-9 中针对“上涨行情”的检验结果可以看出以下几点。

(1) 波动率

匹配前，无论在进驻期还是滞后期，机构股与普通股的波动率均不存在显著差别，这说明在上涨行情中，机构投资者并没有刻意规避高风险的股票。匹配后，进驻期，机构股的波动率至少在 1%的显著水平上大于普通股。滞后期，机构股与普通股波动率的差异不显著。

(2) 收益率

在机构进驻期，匹配后机构股的收益率至少在 1%的显著水平上高于普通股，

而在滞后期中，匹配后机构股与普通股差别不显著，这与之前整体检验中的结果基本一致。

(3) 换手率

无论是机构进驻期还是滞后期，无论是匹配前还是匹配后，机构股的换手率都显著低于普通股，这说明我国机构投资者在上涨行情中同样偏好低流动性的股票，并且还能进一步降低股票的换手率。检验结果与之前整体检验中的结果完全一致。

可以看出，在市场上升阶段，或许是由于市场整体呈现出乐观、向好的情绪氛围，机构投资者在选股时并未过多考虑风险因素，投资热情高涨，机构股的股价在被显著推高的同时也呈现出更大的波动性。Maug 和 Naik (1996) 给出了关于此种现象的解释，他们认为，基金等机构投资者都偏好流动性低的股票，当股市上涨时，基金经理为了避免自身业绩落后于同行，往往会模仿并追随其他基金经理的交易行为，此时基金之间就会出现“羊群行为”，即在同一时间大量买入相同的股票，这会使得买卖压力超过市场所能提供的流动性，从而导致股票价格的大幅变动，破坏了股价的连续性，也加剧了股票的波动。

6.3.5.2　下跌行情

通过表 6-9 中针对“下跌行情”的检验结果可以看出以下几点。

(1) 波动率

匹配前，无论在进驻期还是滞后期，机构股的波动率均显著低于普通股，说明在下跌行情中，机构投资者偏好低波动性的股票，这与 Faugere 和 Shawky (2003) 的研究结论是一致的。匹配后，进驻期，机构股的波动率显著低于普通股。滞后期，机构股的波动率与普通股无显著差异。这说明在下跌行情中，机构投资者的买入行为起到稳定市场的作用。

(2) 收益率

在机构进驻期，匹配后机构股的收益率显著高于普通股。滞后期中，匹配后机构股收益率至少在 1%的显著水平上低于普通股。

(3) 换手率

无论是机构进驻期还是滞后期，无论是匹配前还是匹配后，机构股的换手率都显著低于普通股，这说明我国机构投资者在下跌行情中依然偏好低流动性的股票，并且还能进一步降低股票的换手率。检验结果与之前整体检验中的结果完全一致。

综上，在下跌行情中，机构股和普通股的收益率均为负值。通过进驻期和滞后期中收益率的对比，可以发现，机构投资者的买入行为虽然能暂时缓解股票下跌，但在随后的行情发展中，机构股却出现明显的“补跌”现象，这似乎意味着在下跌行情中，机构投资者的逆势买入虽然可以降低股票的波动性，却依然无法扭转市场的颓势。De Long 等(1990)通过理论模型分析了此类现象背后的原因，他们指出，如果股票市场上存在较多的正反馈交易者，会使理性的机构投资者无法发挥稳定股价的作用，市场可能延续非理性的背离。

综合来看，在股市上涨阶段，机构投资者采取正反馈交易策略，机构的集中买入会推高股价，同时也加剧了股票的波动。学界关于机构持有量与股票的期内收益和波动之间的关系存在两种假说，一种与市场流动性有关，指出由于机构投资者数额巨大的主动交易消耗了市场中过多的流动性，所以应该向提供流动性的中小投资者支付一定的流动性溢价(Grossman and Miller，1988)；一种与市场信息有关，指出机构投资者相较于个体投资者掌握了更多的信息，所以机构投资者交易过程中向市场传达的信息会被其他交易者追随，继而加剧了股票价格的波动(French and Roll，1986)。

相反，在股市下跌阶段，机构投资者采取负反馈交易策略，并没有在市场恐慌中大量抛售股票，而是逆势买入，在一定程度上阻止了股价过度下跌，降低了股票的波动性。究其原因，本书认为：其一，我国股票市场尚未引入做空机制，机构投资者在市场下行阶段无法通过卖空获利，迫于赎回压力，只能选择维护股价以减少业绩上的损失。其二，受制于管理层的行政干预，机构投资者在下跌市场中无法做到全身而退，被动选择护盘行为。其三，基金经理的绩效考核主要是参照同行业的相对收益情况，在下跌市场中，各基金经理如果选择“联手护盘”可能也是博弈权衡的结果。

6.4 稳健性分析

6.4.1 机构股与普通股的波动特征检验

本章基于对总体样本的检验，得出机构投资者在推高股价的同时加剧了股票的波动。基于分组检验，得出当大盘收益为正时，机构投资者加剧了股票的波动；当大盘收益为负时，机构投资者又会降低股票的波动。如果前面的实证结论是稳健可靠的，那么本章从逻辑上能得出如下两个推断。

a：机构股的风险溢价效应[①]应该强于普通股。

① 风险溢价效应（risk premium effect）是指“股票的高风险对应着高回报”。

b：机构股波动的杠杆效应[①]应该弱于普通股。

接下来，本章采用 ARMA(1,1)-EGARCH(1,1)-M 模型分别对机构股和普通股收益率波动的风险溢价效应和杠杆效应进行考察，并以此刻画机构股与普通股的波动特征。

ARMA(1,1)-EGARCH(1,1)-M 模型的具体形式为

$$r_t = c + \delta h_t + u_t \tag{6-7}$$

$$u_t = \phi u_{t-1} + \varepsilon_t + \theta \varepsilon_{t-1} \tag{6-8}$$

$$\ln h_t = \omega + \alpha \ln h_{t-1} + \beta \left| \frac{u_{t-1}}{\sqrt{h_{t-1}}} \right| + \lambda \frac{u_{t-1}}{\sqrt{h_{t-1}}} \tag{6-9}$$

其中，r_t 为股票收益率；h_t 为条件方差，衡量股票收益率的波动性。可以看出，均值方程(6-7)中引入条件方差项，其系数 δ 能够反映股票的波动性与收益率之间的关系，如果 $\delta > 0$，则代表股票的风险与收益之间存在正向关系，即表现出风险溢价效应。条件方差方程(6-9)中，系数 λ 能够体现正负收益对股票波动的影响是否相等，只要 $\lambda \neq 0$，就表明存在非对称影响。一般地，$\lambda < 0$ 表明负收益(坏消息)引起的波动大于正收益(好消息)引起的波动，即表现出杠杆效应。

由于 ARMA(1,1)-EGARCH(1,1)-M 模型只适用于分析单个时间序列，而本章中的机构股和普通股都是股票集合，所以必须构造出能够体现机构股和普通股波动特征的单个时间序列。因此，本章以交易日为单位，分别计算出 2004 年 1 月 1 日到 2012 年 12 月 31 日每个交易日上机构股集合和普通股集合中所有样本股票收益率的算术平均值，由此可拟合出两条收益率序列，并分别将其定义为机构股指数收益率和普通股指数收益率。有必要指出，为保证客观性，本章延续前文的分析思路，使用匹配后的普通股集合(控制组)来拟合普通股指数收益率。

图 6-3、图 6-4 是两种指数的收益率波动示意图，其中，图 6-3 是机构股(处理组)指数的收益率序列，图 6-4 是匹配后的普通股(控制组)指数的收益率序列。两幅图的横轴均表示交易日期，纵轴均表示日收益率。可以看出，机构股指数和普通股指数的收益率在样本期内都表现出明显的波动丛聚特征。

---

① 杠杆效应（leverage effect）是指“在股市中，负收益的冲击（坏消息）要比正收益的冲击（好消息）带来更大的波动”。

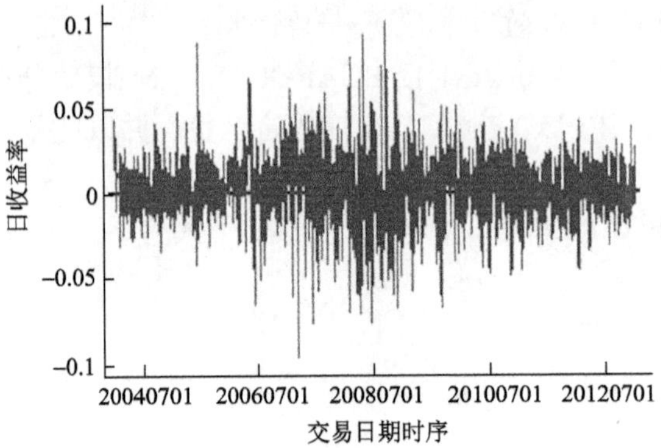

图 6-3　机构股指数收益率序列

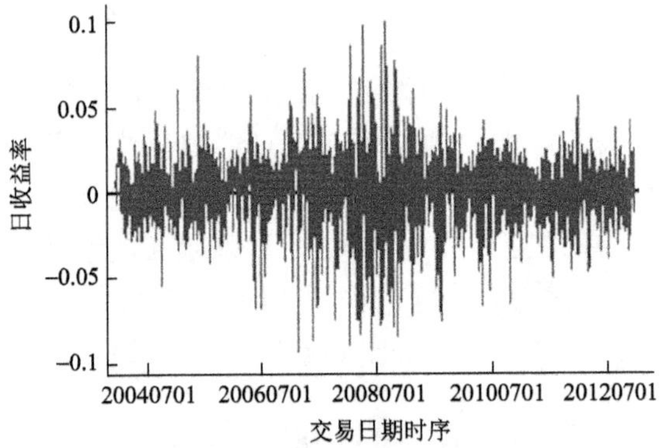

图 6-4　普通股指数收益率序列

运用 LM 检验对两个收益率序列的 ARCH(autoregressive conditional heteroskedasticity)效应进行严格的检验，检验结果见表 6-10。显而易见，两个指数收益率序列的波动在滞后 30 阶上都存在着显著(1%临界值水平)的自回归现象，即大幅波动跟随大幅波动，小幅波动跟随小幅波动。

表 6-10　两个指数的 ARCH 效应检验

LM 检验	机构股指数		普通股指数	
lags (*p*)	chi2	*p*	chi2	*p*
1	49.48	0.0000	90.10	0.0000
2	76.65	0.0000	113.5	0.0000
3	105.9	0.0000	141.5	0.0000
4	131.4	0.0000	160.4	0.0000
5	138.8	0.0000	165.9	0.0000
6	149.5	0.0000	179.0	0.0000

续表

LM 检验	机构股指数		普通股指数	
lags (*p*)	chi2	*p*	chi2	*p*
7	153.4	0.0000	192.6	0.0000
8	169.6	0.0000	206.7	0.0000
9	169.5	0.0000	206.4	0.0000
10	175.1	0.0000	216.0	0.0000
11	175.5	0.0000	216.5	0.0000
12	175.6	0.0000	216.7	0.0000
13	180.2	0.0000	221.7	0.0000
14	183.5	0.0000	225.0	0.0000
15	183.7	0.0000	225.2	0.0000
16	188.4	0.0000	229.5	0.0000
17	189.2	0.0000	229.9	0.0000
18	189.1	0.0000	229.7	0.0000
19	189.0	0.0000	231.6	0.0000
20	190.3	0.0000	231.4	0.0000
21	201.0	0.0000	240.8	0.0000
22	201.0	0.0000	243.5	0.0000
23	204.9	0.0000	252.1	0.0000
24	206.1	0.0000	252.6	0.0000
25	209.1	0.0000	255.3	0.0000
26	215.3	0.0000	261.0	0.0000
27	215.2	0.0000	264.2	0.0000
28	217.4	0.0000	266.5	0.0000
29	217.6	0.0000	266.5	0.0000
30	224.6	0.0000	269.7	0.0000

表 6-11 给出了两个指数序列的风险溢价效应和杠杆效应的检验结果。理论上，风险溢价效应能够反映出一个资本市场的金融成熟度，如果市场中的参与者对单位风险的增加提出相应的风险补偿，说明该市场中的投资者是理性的。表 6-11 中，普通股指数的 δ 值并不显著，风险溢价效应不明显，这意味着我国个体投资者的风险意识和交易理念均有待于进一步提高。相比之下，机构股指数 δ 值显著大于 0，表现出明显的风险溢价效应。通过前面的检验知道，机构投资者在推高股价的同时也加剧了股票的波动，所以，如果之前的实证结论是稳健的，那么此处用条件方差衡量的风险与收益率呈现出正向关系也是情理之中。

表 6-11　机构股指数和普通股指数的风险溢价效应和杠杆效应检验（N=2187）

	main	ARCHM	ARMA		λ	GARCH		cons	对数似然值
	cons	δ	L.ar	L.ma		L.earch_a	L.egarch		
机构股指数	−0.001	10.106***	−0.561	0.622*	−0.019	0.283***	1.153***	1.177*	5638.40
	(−0.86)	(2.89)	(−1.55)	(1.77)	(−1.27)	(9.98)	(15.24)	(1.95)	
普通股指数	0.419	−942.858	0.593***	−1.745**	−0.057***	−0.008*	0.626***	−2.888**	5349.37
	(1.28)	(−1.27)	(4.04)	(−2.41)	(−4.13)	(−1.81)	(4.23)	(−2.53)	

注：括号内为 t 值

*，**，***分别代表 10%，5%，1%的置信水平

表 6-11 中，普通股指数 λ 值显著小于 0，杠杆效应明显。这种杠杆效应主要源于个体投资者的非理性情绪，说明个体投资者在市场下跌时的恐慌程度要大于市场上涨时的乐观程度。个体投资者在市场下跌时表现出过度悲观，常常不顾一切卖出股票，而在市场上涨时又表现出过于小心谨慎，稍有获利就清仓了结。相比之下，机构股指数 λ 值不显著，杠杆效应不明显，表明机构投资者的参与的确向市场中注入了理性元素，发挥了对市场情绪的纠偏作用，有助于促进市场的健康发展。

基于 ARMA(1,1)-EGARCH(1,1)-M 模型的检验结果可知，机构股的风险溢价效应强于普通股，机构股波动的杠杆效应弱于普通股。实际上，针对两类股票波动特征的检验，已经能够在一定程度上反向印证出前文实证结论的可靠性。接下来将使用基于新的匹配方法和新的分组标准对前文中所得结论的稳健性做出进一步检验。

6.4.2　基于新的匹配方法和分组标准下的稳健性检验

在前文中采用了“最近邻匹配”方法，并使用“10%的机构持股比例”作为划分机构股和普通股的标准。显然，如前所述，一方面，匹配过程是 PSM 的重要环节，PSM 常用的匹配方法除了“最近邻匹配”还包括半径匹配(radius matching)与核匹配(kernel matching)；另一方面，二元被解释变量的定义决定了处理组和控制组样本的划分，这两方面因素共同决定最终所能得出何种实证结论。所以，如果前文的结论是稳健可靠的，那么即使更换一种匹配方法，或者对机构股与普通股的划分标准进行适当微调都不应该显著影响最终结论。

接下来，本书试图采用半径匹配方法，同时尝试采取 7%和 13%两个不同的划分标准，重新定义机构股和普通股，并以此给出本章的稳健性检验。具体结果见表 6-12、表 6-13、表 6-14 和表 6-15。其中，表 6-12 和表 6-13 使用半径匹配方法，并采取“7%的机构持股比例”作为划分机构股与普通股的标准；表 6-14 和表 6-15 使用半径匹配方法，并采取“13%的机构持股比例”作为划分机构股与普通股的标准。

表 6-12　整体行情检验结果（匹配方法：半径匹配，机构股划分标准：7%）

产出变量	处理	机构股	普通股	差异	t 检验
波动率	匹配前	0.0295	0.0305	−0.0010	−6.53***
（进驻期）	ATT	0.0296	0.0293	0.0003	1.7*
波动率	匹配前	0.0290	0.0301	−0.0012	−7.98***
（滞后期）	ATT	0.0290	0.0290	0.0000	−0.14
收益率	匹配前	0.0019	0.0007	0.0012	17.61***
（进驻期）	ATT	0.0020	0.0006	0.0013	15.83***
收益率	匹配前	0.0007	0.0007	−0.0001	−1.09
（滞后期）	ATT	0.0007	0.0009	−0.0003	−3.46***
换手率	匹配前	1.9610	2.8779	−0.9169	−27.15***
（进驻期）	ATT	1.9896	2.4602	−0.4706	−13.58***
换手率	匹配前	1.8078	2.7235	−0.9157	−28.96***
（滞后期）	ATT	1.8262	2.3328	−0.5067	−16.51***

*，**，***分别代表 10%，5%，1%的置信水平

表 6-13　分组行情下的检验结果（匹配方法：半径匹配，机构股划分标准：7%）

产出变量	处理	上涨行情				下跌行情			
		机构股	普通股	差异	t 检验	机构股	普通股	差异	t 检验
波动率	匹配前	0.0313	0.0308	0.0004	1.77*	0.0283	0.0303	−0.0019	−9.15***
（进驻期）	ATT	0.0314	0.0300	0.0015	5.36***	0.0284	0.0295	−0.0011	−4.43***
波动率	匹配前	0.0295	0.0298	−0.0002	−0.91	0.0286	0.0304	−0.0018	−8.69***
（滞后期）	ATT	0.0295	0.0292	0.0004	1.40	0.0287	0.0289	−0.0002	−0.88
收益率	匹配前	0.0046	0.0033	0.0013	12.38***	−0.0003	−0.0015	0.0012	17.99***
（进驻期）	ATT	0.0046	0.0033	0.0013	9.49***	−0.0003	−0.0014	0.0012	13.73***
收益率	匹配前	0.0021	0.0020	0.0001	0.90	−0.0004	−0.0003	−0.0002	−1.89*
（滞后期）	ATT	0.0021	0.0024	−0.0003	−2.38**	−0.0004	0.0001	−0.0005	−5.40***
换手率	匹配前	2.3927	3.4643	−1.0717	−19.6***	1.6024	2.3003	−0.6978	−17.05***
（进驻期）	ATT	2.4574	3.0907	−0.6333	−10.82***	1.6426	2.0229	−0.3803	−8.71***
换手率	匹配前	2.0625	3.1609	−1.0984	−21.28***	1.6026	2.3117	−0.7092	−17.92***
（滞后期）	ATT	2.1027	2.8197	−0.7170	−14.18***	1.6286	2.0471	−0.4184	−10.31***

*，**，***分别代表 10%，5%，1%的置信水平

表 6-14　整体行情检验结果(匹配方法：半径匹配，机构股划分标准：13%)

产出变量	处理	机构股	普通股	差异	*t* 检验
波动率	匹配前	0.0293	0.0304	−0.0011	−5.49***
(进驻期)	ATT	0.0294	0.0292	0.0002	0.89
波动率	匹配前	0.0289	0.0301	−0.0012	−6.12***
(滞后期)	ATT	0.0289	0.0291	−0.0002	−0.76
收益率	匹配前	0.0021	0.0008	0.0013	14.37***
(进驻期)	ATT	0.0022	0.0007	0.0014	12.89***
收益率	匹配前	0.0008	0.0007	0.0001	1.22
(滞后期)	ATT	0.0008	0.0009	−0.0001	−1.21
换手率	匹配前	1.7162	2.8443	−1.1281	−24.63***
(进驻期)	ATT	1.7450	2.3363	−0.5913	−14.52***
换手率	匹配前	1.6299	2.6863	−1.0564	−24.61***
(滞后期)	ATT	1.6494	2.2346	−0.5852	−16.11***

*，**，***分别代表 10%，5%，1%的置信水平

表 6-15　分组行情下的检验结果(匹配方法：半径匹配，机构股划分标准：13%)

产出变量	处理	上涨行情				下跌行情			
		机构股	普通股	差异	*t* 检验	机构股	普通股	差异	*t* 检验
波动率	匹配前	0.0309	0.0309	0.0000	0.13	0.0282	0.0302	−0.0020	−6.77***
(进驻期)	ATT	0.0312	0.0297	0.0014	3.80***	0.0283	0.0293	−0.0011	−3.21***
波动率	匹配前	0.0296	0.0297	−0.0001	−0.30	0.0284	0.0303	−0.0019	−6.87***
(滞后期)	ATT	0.0295	0.0290	0.0005	1.39	0.0285	0.0291	−0.0006	−1.79*
收益率	匹配前	0.0047	0.0034	0.0013	9.33***	−0.0001	−0.0015	0.0014	14.80***
(进驻期)	ATT	0.0047	0.0033	0.0014	7.53***	−0.0001	−0.0014	0.0013	11.29***
收益率	匹配前	0.0024	0.0020	0.0004	2.55***	−0.0004	−0.0003	−0.0001	−0.86
(滞后期)	ATT	0.0023	0.0026	−0.0003	−1.58	−0.0004	−0.0001	−0.0004	−2.94***
换手率	匹配前	2.0745	3.4287	−1.3542	−18.63***	1.4096	2.2743	−0.8647	−15.47***
(进驻期)	ATT	2.1279	2.9015	−0.7736	−11.26***	1.4501	1.8909	−0.4408	−8.61***
换手率	匹配前	1.8693	3.1166	−1.2472	−18.13***	1.4378	2.2836	−0.8458	−15.65***
(滞后期)	ATT	1.8979	2.6938	−0.7959	−13.47***	1.4644	1.9365	−0.4721	−9.70***

*，**，***分别代表 10%，5%，1%的置信水平

基于表 6-12 所呈现的针对整体行情的检验结果可得以下结论。①波动率。匹配前，无论是机构进驻的当期还是滞后期，机构股的波动率均在 1%的显著水平下显著低于普通股；匹配后，进驻期，机构股的波动率反而在 10%的显著水平下高于普通股，而在滞后期中两组样本差异不显著。②收益率。在机构进驻期，无论是匹配前还是匹配后，机构股的收益率都在 1%的显著水平下显著高于普通股，滞后期中，机构股的收益率与普通股在匹配前并无显著差异，而匹配后甚至低于普通股(在 1%的显著水平上显著)。③换手率。无论是机构进驻期还是滞后期，无论是匹配前还是匹配后，机构股的换手率都显著低于普通股。

基于表 6-13 所呈现的针对分组行情的检验结果可得以下结论。

在上涨行情中：①波动率。匹配前，无论在进驻期还是滞后期，机构股的波动率均不再显著低于普通股。匹配后，进驻期，机构股的波动率至少在 1%的显著水平上大于普通股。滞后期，机构股与普通股波动率的差异不显著。②收益率。在机构进驻期，匹配后机构股的收益率至少在 1%的显著水平上高于普通股，而在滞后期中，机构股收益率显著低于普通股。③换手率。无论是机构进驻期还是滞后期，无论是匹配前还是匹配后，机构股的换手率都显著低于普通股。

在下跌行情中：①波动率。匹配前，无论在进驻期还是滞后期，机构股的波动率均显著低于普通股。匹配后，进驻期，机构股的波动率显著低于普通股。滞后期，机构股的波动率与普通股无显著差异。②收益率。在机构进驻期，匹配后机构股的收益率显著高于普通股。滞后期中，匹配后机构股收益率至少在 1%的显著水平上低于普通股。③换手率。无论是机构进驻期还是滞后期，无论是匹配前还是匹配后，机构股的换手率都显著低于普通股。

基于表 6-14 所呈现的针对整体行情的检验结果可得以下结论。①波动率。匹配前，无论是机构进驻的当期还是滞后期，机构股的波动率均在 1%的显著水平下显著低于普通股；匹配后，进驻期中机构股的波动率虽然高于普通股，但不再充分显著，其原因也是显而易见的，因为机构投资者在不同的行情阶段所能发挥的作用恰好相反。②收益率。在机构进驻期，无论是匹配前还是匹配后，机构股的收益率都在 1%的显著水平下显著高于普通股，滞后期中，机构股的收益率与普通股无显著差异。③换手率。无论是机构进驻期还是滞后期，无论是匹配前还是匹配后，机构股的换手率都显著低于普通股。

基于表 6-15 所呈现的针对分组行情的检验结果可得以下结论。

在上涨行情中：①波动率。匹配前，无论在进驻期还是滞后期，机构股的波动率均不再显著低于普通股。匹配后，进驻期，机构股的波动率至少在 1%的显著水平上大于普通股。滞后期，机构股与普通股波动率的差异不显著。②收益率。在机构进驻期，匹配后机构股的收益率至少在 1%的显著水平上高于普通股，而在滞后期中，机构股收益率并未显著高于普通股。③换手率。无论是机构进驻期还是滞后期，无论是匹配前还是匹配后，机构股的换手率都显著低于普通股。

在下跌行情中：①波动率。匹配前，无论在进驻期还是滞后期，机构股的波动率均显著低于普通股。匹配后，进驻期，机构股的波动率显著低于普通股。滞后期，机构股的波动率同样低于普通股，但不够充分显著。②收益率。在机构进驻期，匹配后机构股的收益率显著高于普通股。滞后期中，匹配后机构股收益率至少在1%的显著水平上低于普通股。③换手率。无论是机构进驻期还是滞后期，无论是匹配前还是匹配后，机构股的换手率都显著低于普通股。

通过对比不难看出，在使用新的匹配方法及新的机构股划分标准下，最终关键结果并未出现明显变化，从而充分证明本章的实证结论是稳健可靠的。

6.5 小　　结

公司股票的市场表现是多方面因素共同作用的结果，实际上，能够影响股票表现的因素，如公司的财务因素和治理因素，往往也会影响机构投资者的选股决策，这就使得那些被机构投资者选中的股票和未被选中的股票在诸多方面都呈现出完全不同的特征。为了分析机构投资者对公司股票的市场表现发挥出了何种作用，必须构造一个合理的评判标准，尽量规避由于样本选择性偏误或混杂偏误所带来的内生性问题。本章运用PSM方法筛选出与机构重仓股“相仿”的未被机构重仓持有的股票，结果发现以下内容。

1）机构投资者偏好财务优良、治理有效的公司，而此类公司的股票往往呈现出更低的波动性。

2）在不同的行情阶段，机构投资者对股票波动性的影响是不同的。当大盘收益为正时，机构投资者的选股决策中并未过多考虑股票的风险因素，其买入行为在推高股价的同时也加剧了股票的波动；当大盘收益为负时，机构投资者则倾向于持有低风险的股票，其买入行为能够暂时缓解期内股价下跌，并进一步降低了股票的波动性。

3）机构投资者的买入行为与股票的期内收益存在很强的正向关系，而在滞后期中，机构重仓股并未显现出更高的收益率，这意味着对于个体投资者而言，通过追踪基金公布的季度持仓数据来选择股票已经错过了最佳买入时期。

4）基于匹配结果，本书还采用了ARMA(1,1)-EGARCH(1,1)-M模型，证实了机构投资者能够强化股票的风险溢价效应，弱化股票的杠杆效应，从这个层面上看，机构投资者的参与有助于促使市场朝向理性、健康的方向发展。

参考文献

薄仙慧, 吴联生. 2009. 国有控股与机构投资者的治理效应:盈余管理视角[J]. 经济研究, (2): 81-91, 160.

陈冬华, 陈富生, 沈永建, 等. 2011. 高管继任、职工薪酬与隐性契约——基于中国上市公司的经验证据[J]. 经济研究, (S2): 100-111.

陈国进, 张贻军, 刘淳. 2010. 机构投资者是股市暴涨暴跌的助推器吗?——来自上海 A 股市场的经验证据[J]. 金融研究, (11): 45-59.

陈辉, 汪前元. 2012. 机构投资者如何影响股票流动性?交易假说抑或信息假说[J]. 商业经济与管理, (6): 71-80.

程书强. 2006. 机构投资者持股与上市公司会计盈余信息关系实证研究[J]. 管理世界, (9): 129-136.

范海峰, 胡玉明, 石水平. 2009. 机构投资者异质性、公司治理与公司价值——来自中国证券市场的实证证据[J]. 证券市场导报, (10): 45-51.

冯旭南, 陈工孟. 2011. 什么样的上市公司更容易出现信息披露违规——来自中国的证据和启示[J]. 财贸经济, (8): 51-58.

高雷, 宋顺林. 2007. 公司治理与公司透明度[J]. 金融研究, (11): 28-44.

韩勇, 干胜道, 张伊. 2013. 机构投资者异质性的上市公司股利政策研究[J]. 统计研究, (5): 71-75.

何枫, 陈荣. 2008. 基于 SFA 测度的企业效率对企业绩效与企业价值的影响效果研究——来自于中国数个行业上市公司的证据 2002～2006[J]. 金融研究, (9): 152-163.

胡大春, 金赛男. 2007. 基金持股比例与 A 股市场收益波动率的实证分析[J]. 金融研究, (4): 129-142.

胡海峰, 宋李. 2010. 证券投资基金是否稳定股价——基于中国股票市场的经验证据[J]. 财贸经济, (8): 13-18.

胡金焱, 亓彬. 2012. 机构投资者与股市稳定性关系的实证研究——基于修正的系统广义矩估计分阶段动态面板数据分析[J]. 经济学动态, (10): 82-86.

胡倩. 2005. 中国基金持股偏好的实证研究[J]. 财经问题研究, (5): 50-55.

胡奕明, 唐松莲. 2008. 独立董事与上市公司盈余信息质量[J]. 管理世界, (9): 149-160.

江伟, 李斌. 2006. 制度环境、国有产权与银行差别贷款[J]. 金融研究, (11): 116-126.

江向才. 2004. 公司治理与机构投资人持股之研究[J]. 南开管理评论, (1): 33-40.

孔东民, 邵园园. 2011. 盈余质量、机构投资者和资产流动性[J]. 国际金融研究, (10): 88-96.

雷倩华, 柳建华, 龚武明. 2012. 机构投资者持股与流动性成本——来自中国上市公司的经验证据[J]. 金融研究, (7): 182-195.

李慧云, 郭晓萍, 张林, 等. 2013. 自愿性信息披露水平高的上市公司治理特征研究[J]. 统计研究, (7): 72-77.

李伟, 成金华. 2005. 基于信息不对称的中小企业融资的可行性分析[J]. 世界经济, (11): 71-77.

廖理, 石美娟. 2008. 我国养老基金投资偏好研究[J]. 统计研究, (8): 50-53.

林毅夫, 孙希芳. 2005. 信息、非正规金融与中小企业融资[J]. 经济研究, (7): 35-44.

刘涛, 毛道维, 王海英. 2013. 股权集中度、制衡度与机构投资者的择股偏好——机构投资者异质性的研究视角[J]. 山西财经大学学报, (5): 34-44.
刘星, 吴先聪. 2011. 机构投资者异质性、企业产权与公司绩效——基于股权分置改革前后的比较分析[J]. 中国管理科学, (5): 182-192.
罗党论, 甄丽明. 2008. 民营控制、政治关系与企业融资约束——基于中国民营上市公司的经验证据[J]. 金融研究, (12): 164-178.
罗琦, 秦国楼. 2009. 投资者保护与公司现金持有[J]. 金融研究, (10): 162-178.
梅洁, 杜亚斌. 2012. 机构投资者改善信息披露质量的异质性行为研究——来自 2004～2010 年深市 A 股的经验证据[J]. 证券市场导报, (6): 31-37.
祁斌, 黄明, 陈卓思. 2006. 机构投资者与股市波动性[J]. 金融研究, (9): 54-64.
钱露. 2011. 机构投资者参与公司治理的决策研究[J]. 经济学动态, (4): 38-41.
屈文洲, 谢雅璐, 叶玉妹. 2011. 信息不对称、融资约束与投资-现金流敏感性——基于市场微观结构理论的实证研究[J]. 经济研究, (6): 105-117.
瞿旭, 杨丹, 瞿彦卿, 等. 2012. 创始人保护、替罪羊与连坐效应——基于会计违规背景下的高管变更研究[J]. 管理世界, (5): 137-151, 156.
石美娟, 童卫华. 2009. 机构投资者提升公司价值吗?——来自后股改时期的经验证据[J]. 金融研究, (10): 150-161.
石水平. 2010. 控制权转移、超控制权与大股东利益侵占——来自上市公司高管变更的经验证据[J]. 金融研究, (4): 160-176.
史永东, 王谨乐. 2014a. 机构投资者、代理成本与公司价值——基于随机前沿模型及门槛回归的实证分析. 中国系统工程学会第十八届学术年会. 中国安徽合肥: 2.
史永东, 王谨乐. 2014b. 中国机构投资者真的稳定市场了吗?[J]. 经济研究, (12): 100-112.
宋军, 吴冲锋. 2001. 证券市场中羊群行为的比较研究[J]. 统计研究, (11): 23-27.
宋玉. 2009. 最终控制人性质、两权分离度与机构投资者持股——兼论不同类型机构投资者的差异[J]. 南开管理评论, (5): 55-64.
苏治, 连玉君. 2011. 中国上市公司代理成本的估算——基于异质性随机前沿模型的经验分析[J]. 管理世界, (6): 174-175, 188.
孙兆斌. 2006. 股权集中、股权制衡与上市公司的技术效率[J]. 管理世界, (7): 115-124.
汪忠, 孙耀吾, 龚红. 2005. 机构投资者参与公司治理研究综述[J]. 经济学动态, (10): 109-114.
王斌, 梁欣欣. 2008. 公司治理、财务状况与信息披露质量——来自深交所的经验证据[J]. 会计研究, (2): 31-38, 95.
王立彦, 刘军霞. 2003. 上市公司境内外会计信息披露规则的执行偏差——来自 A-H 股公司双重财务报告差异的证据[J]. 经济研究, (11): 71-78, 93.
王立彦. 2008. 公司管治与财务信息披露机制——比较 A 股/H 股年度财务报告的实证研究[J]. 审计与经济研究, (4): 109.
王雄元, 管考磊. 2006. 关于审计委员会特征与信息披露质量的实证研究[J]. 审计研究, (6): 42-49.
王雪荣, 董威. 2009. 中国上市公司机构投资者对公司绩效影响的实证分析[J]. 中国管理科学, (2): 15-20.
王亚平, 刘慧龙, 吴联生. 2009. 信息透明度、机构投资者与股价同步性[J]. 金融研究, (12): 162-174.

王咏梅. 2003. 上市公司财务信息自愿披露指数实证研究[J]. 证券市场导报, (9): 45-49, 79.
王咏梅, 王鹏. 2006. “四大”与“非四大”审计质量市场认同度的差异性研究[J]. 审计研究, (5): 49-56.
王志伟, 孙铮. 2005. 我国公司治理影响下的会计准则研究——基于投资者利益保护的一个分析框架. 中国会计学会 2005 年学术年会. 中国北京: 10.
吴卫星, 汪勇祥, 成刚. 2004. 信息不对称与股权结构:中国上市公司的实证分析[J]. 系统工程理论与实践, (11): 28-32.
吴晓晖, 姜彦福. 2006. 机构投资者治理效率研究[J]. 统计研究, (9): 33-36.
奚俊芳, 于培友. 2006. 我国上市公司控制权转移绩效研究——基于经营业绩的分析[J]. 南开管理评论, (4): 42-48.
夏立军, 方轶强. 2005. 政府控制、治理环境与公司价值——来自中国证券市场的经验证据[J]. 经济研究, (5): 40-51.
肖星, 王琨. 2005. 证券投资基金:投资者还是投机者?[J]. 世界经济, (8): 75-81.
徐信忠, 张璐, 张峥. 2011. 行业配置的羊群现象——中国开放式基金的实证研究[J]. 金融研究, (4): 174-186.
徐颖文, 陈收, 李双飞. 2007. 机构投资者入市资金规模与股市流动性均衡关系研究[J]. 湖南大学学报(自然科学版), (8): 89-92.
许年行, 江轩宇, 伊志宏, 等. 2013. 政治关联影响投资者法律保护的执法效率吗?[J]. 经济学(季刊), (2): 373-406.
杨合力, 周立, 王博. 2012. 公司治理、机构投资者与企业绩效——来自中国上市公司的经验证据[J]. 财政研究, (8): 67-71.
姚颐, 刘志远. 2008. 震荡市场、机构投资者与市场稳定[J]. 管理世界, (8): 22-32.
姚颐, 刘志远. 2009. 机构投资者具有监督作用吗?[J]. 金融研究, (6): 128-143.
游家兴, 徐盼盼, 陈淑敏. 2010. 政治关联、职位壕沟与高管变更——来自中国财务困境上市公司的经验证据[J]. 金融研究, (4): 128-143.
于蔚, 汪淼军, 金祥荣. 2012. 政治关联和融资约束:信息效应与资源效应[J]. 经济研究, (9): 125-139.
翟伟丽, 何基报, 周晖, 等. 2010. 中国股票市场投资者交易偏好及其对股价波动的影响[J]. 金融评论, (3): 53-64, 123-124.
张纯, 吕伟. 2007. 信息披露、市场关注与融资约束[J]. 会计研究, (11): 32-38, 95.
张小蒂, 李风华. 2001. 机构投资者的策略变动与上市公司治理[J]. 财贸经济, (11): 18-22.
张宗新, 张晓荣, 廖士光. 2005. 上市公司自愿性信息披露行为有效吗? ——基于 1998～2003 年中国证券市场的检验[J]. 经济学(季刊), (1): 369-386.
赵震宇, 杨之曙, 白重恩. 2007. 影响中国上市公司高管层变更的因素分析与实证检验[J]. 金融研究, 08: 76-89.
周林洁, 邱汛. 2013. 政治关联、所有权性质与高管变更[J]. 金融研究, (10): 194-206.
朱红军. 2002. 我国上市公司高管人员更换的现状分析[J]. 管理世界, (5): 126-131, 141.
Admati A R, Pfleiderer P, Zechner J. 1994. Large shareholder activism, risk sharing, and financial market equilibrium[J]. Journal of Political Economy: 1097-1130.
Admati A R, Pfleiderer P. 1988. A theory of intraday patterns: volume and price variability[J]. Review of Financial Studies, (1): 3-40.

Aggarwal R, Erel I, Ferreira M, et al. 2011. Does governance travel around the world? Evidence from institutional investors[J]. Journal of Financial Economics, (1): 154-181.

Aggarwal R, Klapper L, Wysocki P D. 2005. Portfolio preferences of foreign institutional investors[J]. Journal of Banking & Finance, (12): 2919-2946.

Agrawal A, Cooper T. 2007. Corporate governance consequences of accounting scandals: evidence from top management, CFO and auditor turnover[C]. 2nd Annual Conference on Empirical Legal Studies Paper.

Agrawal A, Mandelker G N. 1990. Large shareholders and the monitoring of managers: the case of antitakeover charter amendments[J]. Journal of Financial and Quantitative Analysis, (2): 143-161.

Almazan A, Hartzell J C, Starks L T. 2005. Active institutional shareholders and costs of monitoring: evidence from executive compensation[J]. Financial Management, (4): 5-34.

Almeida H, Campello M, Weisbach M S. 2004. The cash flow sensitivity of cash[J]. The Journal of Finance, (4): 1777-1804.

Arbel A, Carvell S, Strebel P. 1983. Giraffes, institutions and neglected firms[J]. Financial Analysts Journal, 39(3): 57-63.

Badrinath S G, Gay G D, Kale J R. 1989. Patterns of institutional investment, prudence, and the managerial "safety-net" hypothesis[J]. Journal of Risk and Insurance, 56(4): 605-629.

Barber B M, Odean T, Zheng L. 2005. Out of sight, out of mind: the effects of expenses on mutual fund flows [J]. The Journal of Business, (6): 2095-2120.

Barber B M, Odean T. 2008. All that glitters: the effect of attention and news on the buying behavior of individual and institutional investors[J]. Review of Financial Studies, (2): 785-818.

Bartov E, Radhakrishnan S, Krinsky I. 2000. Investor sophistication and patterns in stock returns after earnings announcements[J]. The Accounting Review, (1): 43-63.

Beasley M S. 1996. An empirical analysis of the relation between the board of director composition and financial statement fraud[J]. Accounting Review, 218(5): 443-465.

Becker S O, Ichino A. 2002. Estimation of average treatment effects based on propensity scores[J]. The Stata Journal, (4): 358-377.

Berger A N, Udell G F. 1998. The economics of small business finance: the roles of private equity and debt markets in the financial growth cycle[J]. Journal of Banking & Finance, (6): 613-673.

Berle A A, Means G G C. 1933. The Modern Corporation and Private Property[M]. Macmillan Publisher.

Black B S. 1990. Shareholder passivity reexamined[J]. Mich L Rev: 520.

Bonnier K-A, Bruner R F. 1989. An analysis of stock price reaction to management change in distressed firms[J]. Journal of Accounting and Economics, (1): 95-106.

Brands S, Gallagher D R, Looi A. 2006. Active investment manager portfolios and preferences for stock characteristics[J]. Accounting & Finance, (2): 169-190.

Brent A. 2002. Some funds try shareholder activism[J]. Mutual Fund Market News, 25: 1-3.

Brickley J A, Lease R C, Smith C W. 1988. Ownership structure and voting on antitakeover amendments[J]. Journal of Financial Economics, 20(1-2): 267-291.

Brunello G, Graziano C, Parigi B M. 2003. CEO turnover in insider-dominated boards: the Italian case[J]. Journal of Banking & Finance, (6): 1027-1051.

Bushee B J, Noe C F. 2000. Corporate disclosure practices, institutional investors, and stock return volatility[J]. Journal of Accounting Research, 38(2): 171-202.

Bushee B J. 2001. Do Institutional investors prefer near-term earnings over long-run value? [J]. Contemporary Accounting Research, (2): 207-246.

Bushman R M, Piotroski J D, Smith A J. 2004. What determines corporate transparency?[J]. Journal of Accounting Research, (2): 207-252.

Campbell J Y, Lettau M, Malkiel B G, et al. 2001. Have individual stocks become more volatile? An empirical exploration of idiosyncratic risk[J]. The Journal of Finance, (1): 1-43.

Carleton W T, Nelson J M, Weisbach M S. 1998. The influence of institutions on corporate governance through private negotiations: evidence from TIAA-CREF[J]. The Journal of Finance, (4): 1335-1362.

Chan L K, Jegadeesh N, Lakonishok J. 1996. Momentum strategies[J]. The Journal of Finance, (5): 1681-1713.

Chan L K, Lakonishok J. 1993. Institutional trades and intraday stock price behavior[J]. Journal of Financial Economics, (2): 173-199.

Chan L K, Lakonishok J. 1995. The behavior of stock prices around institutional trades[J]. The Journal of Finance, (4): 1147-1174.

Chang E C, Wong S M. 2009. Governance with multiple objectives: evidence from top executive turnover in China[J]. Journal of Corporate Finance, (2): 230-244.

Chang J J, Shin H H. 2006. Governance system effectiveness following the crisis: the case of Korean business group headquarters[J]. Corporate governance: an international review, (2): 85-97.

Chau G K, Gray S J. 2002. Ownership structure and corporate voluntary disclosure in Hong Kong and Singapore[J]. The International Journal of Accounting, (2): 247-265.

Chen X, Harford J, Li K. 2007. Monitoring: which institutions matter?[J]. Journal of Financial Economics, (2): 279-305.

Chopra N, Lakonishok J, Ritter J R. 1992. Measuring abnormal performance: do stocks overreact?[J]. Journal of Financial Economics, (2): 235-268.

Clayton M J, Hartzel J C, Rosenberg J V. 2003. The impact of CEO turnover on equity volatility[J]. Journal of Business, 78(5): 1779-1808.

Coffee J C. 1999. Future as history: the prospects for global convergence in corporate governance and its implications[J]. Social Science Electronic Publish, 93(3): 641-707.

Cornett M M, Marcus A J, Saunders A, et al. 2007. The impact of institutional ownership on corporate operating performance[J]. Journal of Banking & Finance, (6): 1771-1794.

Dahya J, McConnell J J, Travlos N G. 2002. The Cadbury committee, corporate performance, and top management turnover[J]. The Journal of Finance, (1): 461-483.

Daniel K, Grinblatt M, Titman S, et al. 1997. Measuring mutual fund performance with characteristic-based benchmarks[J]. The Journal of Finance, (3): 1035-1058.

Darrough M N, Stoughton N M. 1990. Financial disclosure policy in an entry game[J]. Journal of Accounting and Economics, (1): 219-243.

De Long J B, Shleifer A, Summers L H, et al. 1990. Positive feedback investment strategies and destabilizing rational speculation[J]. The Journal of Finance, (2): 379-395.

Dedman E. 2003. Executive turnover in UK firms: the impact of Cadbury[J]. Accounting and Business Research, (1): 33-50.

Defond M L, Hung M. 2004. Investor protection and corporate governance: evidence from worldwide CEO turnover[J]. Journal of Accounting Research, (2): 269-312.

Del Guercio D. 1996. The distorting effect of the prudent-man laws on institutional equity investments[J]. Journal of Financial Economics, (1): 31-62.

Denis D J, Denis D K. 1995. Performance changes following top management dismissals[J]. The Journal of finance, (4): 1029-1057.

Denis D J, Serrano J M. 1996. Active investors and management turnover following unsuccessful control contests[J]. Journal of Financial Economics, (2): 239-266.

Dennis P J, Strickland D. 2002. Who blinks in volatile markets, individuals or institutions?[J]. The Journal of Finance, (5): 1923-1949.

Dennis P J, Weston J P. 2001. Who's informed? An analysis of stock ownership and informed trading[J]. Ssrn Electronic Journal.

Drucker P F. 1991. Reckoning with the pension fund revolution[J]. Harvard Business Review, (2): 106-114.

Duggal R, Millar J A. 1999. Institutional ownership and firm performance: the case of bidder returns[J]. Journal of Corporate Finance, (2): 103-117.

El-Gazzar S M. 1998. Predisclosure information and institutional ownership: a cross-sectional examination of market revaluations during earnings announcement periods[J]. Accounting Review, 73(1): 119-129.

Eng L L, Mak Y T. 2003. Corporate governance and voluntary disclosure[J]. Journal of Accounting and Public Policy, (4): 325-345.

Falkenstein E G. 1996. Preferences for stock characteristics as revealed by mutual fund portfolio holdings[J]. The Journal of Finance, (1): 111-135.

Fama E F, French K R. Common Risk Factors in Returns on Stocks and Bonds[J]. Journal of Financial Economics, 1993, 33(1): 3-56.

Fan J P, Wong T J. 2002. Corporate ownership structure and the informativeness of accounting earnings in East Asia[J]. Journal of Accounting and Economics, (3): 401-425.

Faugere C, Shawky H A. 2003. Volatility and institutional investor holdings in a declining market: a study of nasdaq during the year 2000[J]. Journal of Applied Finance, 13(2): 32.

Faulkender M, Wang R. 2006. Corporate financial policy and the value of cash[J]. The Journal of Finance, (4): 1957-1990.

Fazzari S, Hubbard R G, Petersen B C. 1988. Financing constraints and corporate investment. National Bureau of Economic Research Cambridge, Mass., USA.

Fee C E, Hadlock C J. 2004. Management turnover across the corporate hierarchy[J]. Journal of Accounting and Economics, (1): 3-38.

French K R, Roll R. 1986. Stock return variances: the arrival of information and the reaction of traders[J]. Journal of Financial Economics, (1): 5-26.

Friedman B M. 1996. Economic implications of changing share ownership[R]. National Bureau of

Economic Research.
Froot K A, Perold A F, Stein J C. 1991. Shareholder trading practices and corporate investment horizons[R]. National Bureau of Economic Research.
Furtado E P, Rozeff M S. 1987. The wealth effects of company initiated management changes[J]. Journal of Financial Economics, (1): 147-160.
Gaspar J-M, Massa M, Matos P. 2005. Shareholder investment horizons and the market for corporate control[J]. Journal of Financial Economics, (1): 135-165.
Gompers P A, Metrick A. 2001. Institutional investors and equity prices[J]. The Quarterly Journal of Economics, (1): 229-259.
Goyal V K, Park C W. 2002. Board leadership structure and CEO turnover[J]. Journal of Corporate Finance, (1): 49-66.
Graham J R, Harvey C R. 2001. The theory and practice of corporate finance: evidence from the field[J]. Journal of Financial Economics, (2): 187-243.
Graves S B. 1988. Institutional ownership and corporate R&D in the computer industry[J]. Academy of Management Journal, (2): 417-428.
Grossman S J, Hart O D. 1983. Corporate financial structure and managerial incentives [J]. Social Science Electronic Publishing: 107-140.
Grossman S J, Miller M H. 1988. Liquidity and market structure[J]. the Journal of Finance, (3): 617-633.
Guercio D D, Hawkins J. 1999. The motivation and impact of pension fund activism[J]. Journal of Financial Economics, (3): 293-340.
Habib M A, Ljungqvist A. 2005. Firm value and managerial incentives: a stochastic frontier approach[J]. The Journal of Business, (6): 2053-2094.
Hansen B E. 1999. Threshold effects in non-dynamic panels: estimation, testing, and inference[J]. Journal of Econometrics, (2): 345-368.
Hazarika S, Karpoff J M, Nahata R. 2012. Internal corporate governance, CEO turnover, and earnings management[J]. Journal of Financial Economics, (1): 44-69.
Healy P M, Palepu K G. 2001. Information asymmetry, corporate disclosure, and the capital markets: a review of the empirical disclosure literature[J]. Journal of Accounting and Economics, (1): 405-440.
Helwege J, Intintoli V J, Zhang A. 2012. Voting with their feet or activism? Institutional investors' impact on CEO turnover[J]. Journal of Corporate Finance, (1): 22-37.
Hirshleifer D, Subrahmanyam A, Titman S. 1994. Security analysis and trading patterns when some investors receive information before others[J]. The Journal of Finance, (5): 1665-1698.
Howorth C A. 2001. Small firms' demand for finance: a research note[J]. International Small Business Journal, (4): 78-86.
Irvine P, Lipson M, Puckett A. 2007. Tipping[J]. Review of Financial Studies, (3): 741-768.
Jegadeesh N, Titman S. 2001. Profitability of momentum strategies: an evaluation of alternative explanations[J]. The Journal of Finance, (2): 699-720.
Jennings W W, Schnatterly K, Seguin P J. 2002. Institutional ownership, information and liquidity[J]. Advances in Financial Economics, 7(2): 41-71.

Jensen M C, Meckling W H. 1976. Theory of the firm: managerial behavior, agency costs and ownership structure[J]. Journal of Financial Economics, (4): 305-360.

Jensen M C, Murphy K J. 1990. Performance pay and top-management incentives[J]. Journal of Political Economy, 98(2): 225-264.

Jensen M C. 1986. Agency costs of free cash flow, corporate finance, and takeovers[J]. The American Economic Review, (2): 323-329.

Kang J-K, Luo J, Na H S. 2013. Are institutional investors with multiple blockholdings effective monitors? AFA 2013 San Diego Meetings Paper.

Kato T, Long C. 2006. Executive turnover and firm performance in China[J]. The American economic review: 363-367.

Keeton W R. 1979. Equilibrium credit rationing[M]. New York: Garland Publishing Company.

Khanna N, Poulsen A B. 1995. Managers of financially distressed firms: villains or scapegoats?[J]. The Journal of Finance, (3): 919-940.

Khorana A. 2001. Performance changes following top management turnover: evidence from open-end mutual funds[J]. Journal of Financial and Quantitative Analysis, (3): 371-393.

La Porta R, Lopez-De-Silanes F, Shleifer A, et al. 1997. Legal Determinants of External Finance[J], 52(3): 1131-1150.

La Porta R, Lopez-de-Silanes F, Shleifer A, et al. 2000. Investor protection and corporate governance[J]. Journal of Financial Economics, (1): 3-27.

Lakonishok J, Shleifer A, Vishny R W. 1992. The impact of institutional trading on stock prices[J]. Journal of Financial Economics, (1): 23-43.

Lel U, Miller D P. 2008. International cross-listing, firm performance, and top management turnover: a test of the bonding hypothesis[J]. The Journal of Finance, (4): 1897-1937.

Leuz C, Verrecchia R E. 2000. The economic consequences of increased disclosure[J]. Journal of Accounting Research, 38: 91-124.

Lewellen W G, Huntsman B. 1970. Managerial pay and corporate performance[J]. The American Economic Review, 60(4): 710-720.

Martin K J, McConnell J J. 1991. Corporate performance, corporate takeovers, and management turnover[J]. The Journal of Finance, (2): 671-687.

Maug E, Naik N. 2011. Herding and delegated portfolio management: the impact of relative performance evaluation on asset allocation[J]. The Quarterly Journal of Finance, 1(02): 265-292.

Maug E. 1998. Large shareholders as monitors: is there a trade-off between liquidity and control?[J]. The Journal of Finance, (1): 65-98.

Merton R C. 1987. A simple model of capital market equilibrium with incomplete information[J]. The Journal of Finance, (3): 483-510.

Modigliani F, Miller M H. 1958. The cost of capital, corporation finance and the theory of investment[J]. The American Economic Review, 48(3): 261-297.

Morck R, Shleifer A, Vishny R W. 1988. Management ownership and market valuation: An empirical analysis[J]. Journal of Financial Economics, 20(88): 293-315.

Myers S C, Majluf N S. 1984. Corporate financing and investment decisions when firms have information that investors do not have[J]. Journal of Financial Economics, (2): 187-221.

Neumann R, Voetmann T. 2005. Top executive turnovers: separating decision and control rights[J]. Managerial and Decision Economics, (1): 25-37.

Nofsinger J R, Sias R W. 1999. Herding and feedback trading by institutional and individual investors[J]. The Journal of Finance, (6): 2263-2295.

Opler T, Pinkowitz L, Stulz R, et al. 1999. The determinants and implications of corporate cash holdings[J]. Journal of Financial Economics, (1): 3-46.

Parker S K, Skitmore M. 2005. Project management turnover: causes and effects on project performance[J]. International Journal of Project Management, (3): 205-214.

Parrino R, Sias R W, Starks L T. 2003. Voting with their feet: institutional ownership changes around forced CEO turnover[J]. Journal of financial economics, (1): 3-46.

Rajgopal S, Venkatachalam M, Jiambalvo J J. 1999. Is institutional ownership associated with earnings management and the extent to which stock prices reflect future earnings?[J]. Social Science Electronic Publishing at SSRN 163433.

Reinganum M R. 1985. The effect of executive succession on stockholder wealth[J]. Administrative Science Quarterly, 30(1): 46-60.

Rosenbaum P R, Rubin D B. 1983. The central role of the propensity score in observational studies for causal effects[J]. Biometrika, (1): 41-55.

Rosenbaum P R, Rubin D B. 1985. Constructing a control group using multivariate matched sampling methods that incorporate the propensity score[J]. The American Statistician, (1): 33-38.

Rubin A. 2007. Ownership level, ownership concentration and liquidity[J]. Journal of Financial Markets, (3): 219-248.

Schadewitz H J, Blevins D R. 1998. Major determinants of interim disclosures in an emerging market[J]. American Business Review, (1): 41-55.

Scharfstein D S, Stein J C. 1990. Herd behavior and investment[J]. The American Economic Review, 80(3): 465-479.

Shen W, Lin C. 2009. Firm profitability, state ownership, and top management turnover at the listed firms in China: a behavioral perspective[J]. Corporate Governance: An International Review, (4): 443-456.

Shleifer A, Vishny R W. 1986. Large shareholders and corporate control[J]. The Journal of Political Economy, 94(3): 461-488.

Shleifer A, Vishny R W. 1989. Management entrenchment: the case of manager-specific investments[J]. Journal of Financial Economics, (1): 123-139.

Shleifer A, Wolfenzon D. 2002. Investor protection and equity markets[J]. Journal of Financial Economics, (1): 3-27.

Sias R W. 1996. Volatility and the institutional investor[J]. Financial Analysts Journal: 13-20.

Sias R, Starks L, Titman S. 2001. The price impact of institutional trading[J]. Available at SSRN 283779.

Stiglitz J E, Weiss A. 1981. Credit rationing in markets with imperfect information[J]. The American Economic Review, 71(71): 393-410.

Strong J S, Meyer J R. 1987. Asset writedowns: Managerial incentives and security returns[J]. The

Journal of Finance, (3): 643-661.

Stulz R. 1988. Managerial control of voting rights: financing policies and the market for corporate control[J]. Journal of Financial Economics, 20(1-2): 25-54.

Suchard J-A, Singh M, Barr R. 2001. The market effects of CEO turnover in Australian firms[J]. Pacific-Basin Finance Journal, (1): 1-27.

Tong H, Lim K S. 1980. Threshold autoregression, limit cycles and cyclical data[J]. Journal of the Royal Statistical Society. Series B (Methodological), 42(B08): 245-292.

Walsh J P. 1988. Top management turnover following mergers and acquisitions[J]. Strategic Management Journal, (2): 173-183.

Warfield T D, Wild J J, Wild K L. 1995. Managerial ownership, accounting choices, and informativeness of earnings[J]. Journal of Accounting and Economics, (1): 61-91.

Warner J B, Watts R L, Wruck K H. 1988. Stock prices and top management changes[J]. Journal of Financial Economics, 20(1-2): 461-492.

Weisbach M S. 1988. Outside directors and CEO turnover[J]. Journal of Financial Economics, 22(88): 431-460.

Weisbach M S. 1995. CEO turnover and the firm's investment decisions[J]. Journal of Financial Economics, (2): 159-188.

Wermers R. 1999. Mutual fund herding and the impact on stock prices[J]. The Journal of Finance, (2): 581-622.

Wiersema M F, Zhang Y. 2011. CEO dismissal: the role of investment analysts[J]. Strategic Management Journal, (11): 1161-1182.

Wilson R. 1975. Informational economies of scale[J]. The Bell Journal of Economics: 184-195.

Woidtke T. 2002. Agents watching agents?: evidence from pension fund ownership and firm value[J]. Journal of Financial Economics, (1): 99-131.

Zheng J, Liu X, Bigsten A. 1998. Ownership structure and determinants of technical efficiency: an application of data envelopment analysis to Chinese enterprises (1986–1990)[J]. Journal of Comparative Economics, (3): 465-484.